Boken dediceras till familj
och vänner

Jag sprang ifrån oron

Benjamin Åberg

Foto: Hasse Sjögren, Deca Text & Bild
Layout: Tobias Åberg, @aberg_photography

Förlag: BoD – Books on Demand, Stockholm, Sverige
Tryck: BoD – Books on Demand, Norderstedt, Tyskland

ISBN: 978-91-7851-990-3

Innehåll

Inledning

Det kan tyckas att jag inte har så mycket att skriva om, att min historia inte är något speciellt. Men kan den hjälpa en enda, ung som gammal, så är den värd att berättas. Jag har sedan barnsben kämpat med ångest och nu vill jag dela med mig av min väg ur ångest och oro. Om självförtroende, synen på psykologer och den kamp som vardagen ofta varit. Boken berättar också om den lösning som jag fann efter specialisthjälp från en psykolog och hur mitt liv förändrades mycket tack vare löpningen.

Denna bok är skriven för dig som av någon anledning känner ständig oro eller är rädd för att utmana dig själv och dina känslor. För dig som fastnat i ångestens grepp och som inte vet hur eller som aldrig vågat möta den, för dig som vill börja leva ditt liv.

Idag mår jag bra och njuter av ett liv fyllt av träning och tävling. Jag njuter av att få tävla på hög nationell nivå, se världen och uppleva fantastiska saker. Min ångest, mina tankar och min oro håller inte längre tillbaka mig så som det tidigare gjort.

Benjamin Åberg

Författaren

1 LITE BAKGRUND

I slutet av maj 1995 föddes jag på Uddevalla sjukhus. Jag föddes in i en familj med tre storasyskon, Josef, Tobias och Rebecka. Min mamma heter Mia och min pappa heter Robert. Som liten var jag en livfull liten pojke och hade ganska lätt för mig. Jag hade många kompisar och var en mycket påhittig unge.

Men när jag med tiden växte och blev äldre började problemen visa sig. Jag började oroa mig för en massa saker, ofta för saker som jag aldrig varit med om tidigare. Då hade jag ingen aning vad detta skulle kosta mig men idag ser jag hur mycket skoj jag har gått miste om och hur dåligt jag mått på grund av oron och ångesten.

Första gången någon minns något av det var när jag som fyraåring var hemma hos en familj som passade mig och vi skulle äta, men jag vägrade. Efter många tårar hade jag fått i mig maten och kanske kom detta att påverka mig långt senare...

Som sjuåring grät jag floder inför min bästa kompis´ kalas för att jag var rädd att jag skulle börja må illa, och som 14-åring spydde jag ett flertal mornar i rad på grund av ångest...

Min oro har förstört mycket för mig. Allt från skolresor till att se på film med kompisar har blivit saker jag missat på grund av oron.

2007 fegade jag ur när min klass skulle på skolresa till en ö. För visst är det att fega ur jag gjort. Jag har smitit från allt som jag tyckt varit jobbigt. Allt som inneburit något nytt och allt som på något sätt skulle kunna få mig att känna mig obekväm har jag smitit ifrån. Man kan säga att jag alltid tagit den lättaste vägen. Men detta har jag fått betala för.

Jag har som sagt missat mycket men också blivit tvungen att förklara bort mig många gånger. Tyvärr har dessa "bortförklaringar" ofta betytt lögner. Att ljuga för sina vänner är inget man vill göra men ibland har det behövts. Vid några tillfället har jag berättat lite, men aldrig hela sanningen.

Oftast när jag blev orolig slog oron till mot magen, jag började må illa o så kom ångesten, då fick jag panik. Detta hände ofta i samband med att jag skulle äta hos någon jag inte kände så väl. Min psykolog trodde att det berodde på minnen jag hade sen jag var liten och att jag, som jag skrev tidigare, åt hos några och de, (med gott syfte) tvingade i mig maten fast att jag inte ville. Senare visade det sig att jag hade halsfluss.

Jag har verkligen fått kämpa för att ens kunna äta med mina syskon på Mc Donalds... Det tog mig flera år innan jag vågade äta ensam hos någon kompis.

Sen 2011 tränar och tävlar jag i löpning och löpningen har varit ett stort steg på vägen mot att bli fri från oron och ångesten. Den har gett mig så många chanser att träna på de moment jag tyckt varit jobbiga och är den stora anledningen till att jag mår så pass bra som jag gör idag. Den frihetskänslan jag får när jag springer har gjort att jag kunnat släppa allt jobbigt. Jag mår bra när jag tränar, jag känner inte av det jobbiga runt omkring mig, allt annat försvinner ur min tankevärld, det är bara jag och löpningen. Inga problem, inga svårigheter, inga jobbiga saker framför mig. Det är som om allt som jag oroat mig för bara rinner av mig. Löpningen är terapi för mig.

När jag började gymnasiet 2011 insåg jag och mina föräldrar hur långt allt hade gått. Det gick inte en dag utan att jag fick panikattacker och jag kunde inte sova för all ångest. Det var första gången jag i mitt liv förstod vad ångest var för något och det var första gången jag insåg att jag behövde hjälp.

Jag har alltid haft lätt att tala med mina föräldrar och de har gjort allt för att hjälpa mig. Några andra som har hjälpt mig mycket är mina goda vänner Christer och

Anne Marie. Trots att de är 50 år äldre än jag, så har de varit fantastiska vänner. Det var inte så att jag alltid pratade om hur jobbigt allt var men de fanns alltid där för mig och de gav mig oerhört mycket trygghet, framför allt under mina uppväxtår. Jag fick även mycket hjälp i början av kuratorer. Eva och Ninni som var kuratorer på Margretegärdeskolan hjälpte mig mycket men efter en tid insåg vi dock att jag behövde specialisthjälp. Vi fick tag i något som hette Cognidea; en privat mottagning som sysslade med Kognitiv beteendeterapi. Jag började gå hos en viss Ingrid Bjärstedt på Cognidea i Uddevalla.

2 DET INRE OROSMOLNET

Det var fredag. Jag öppnade entrédörren och gick in och hängde av mig min jacka. Det var en helt vanlig fredag, trodde jag. Jag gick som vanligt korridoren bort till klassrummet och öppnade dörren. Jag gick in i klassrummet och sa hej till de klasskamrater som var där. Jag var i god tid så jag satte mig och pratade lite och kollade schemat. Vi hade historia. Efter en liten stund kom vår lärare in och satte sig. Vi hade som vanligt en morgonsamling. Detta med morgonsamling var något som skolan hade eftersom det är var en skola med kristen profil. Efter morgonsamlingen reste sig vår lärare upp och sa:

- Vi ska se en film här idag. Den heter "Pojken i randig pyjamas".

Genast hoppade mitt hjärta till. En film! Jag fick en klump i halsen och blev alldeles skakis. Min lärare gick för att hämta projektorn som stod utanför. Då såg jag min chans! Jag reste mig från stolen och gick ut från klassrummet och sa med gråtfärdig röst till läraren som stod utanför och grejade med datorn:

- Jag går på dass!

Jag gick bort mot toaletterna och skyndade mig in på en. Där brast jag ut i gråt. Jag grät så jag skakade. Jag kände mig som en idiot men jag var också arg. Varför just jag?

Denna händelse inträffade i nionde klass, tro mig eller ej! För dig som läser detta kanske det här låter helt sjukt. Gråta för en film. När man är femton år! Men det var så det var. Det var min vardag. Det var ständiga undanflykter för saker som var nya. Det gjorde så ont inombords. Att inte kunna se en film utan att få panik och ångest. Ända sen jag var liten hände detta i princip varje gång jag såg på film med kompisar eller i skolan. Hemma såg jag massor av filmer, men när jag satt med andra brast allt för mig. Varför? Ja, varje film är något nytt. Hade jag inte sett filmen innan så visste jag ju inte vad som skulle hända. Det kanske låter löjligt men det var så det var. Egentligen finns det inget svar på varför jag just tyckte film var så jobbigt och varför jag drabbades av panikångest just under filmvisning. Men nu när jag vet så pass mycket mer om hur ångest fungerar så har jag insett att ångest är något undermedvetet. Jag hade liksom byggt upp något inom mig som sa att filmer var farliga när jag såg dem med en grupp. Sen när jag visste om i förväg att jag i olika sammanhang skulle se på film så tog jag, som alltid, den enklaste vägen. Bortförklaringar som "jag hinner inte" eller "jag är sjuk" har varit standard när det gäller film. Men när jag hamnat i situationer där jag inte kunnat förklara bort mig så har jag, som ni läste tidigare, ofta smitit. Ibland under de mest bisarra situationer och ibland smidigt och tyst. Men det är ju inte bara när det gäller film det har ställt till sig.

***

På min grundskola fanns en tradition av många skolresor. Vi åkte nästan iväg varje år på någon resa, och resor är något som alltid varit jobbigt för mig. Det handlade om att åka iväg från allt vad trygghet heter för att komma till en plats där du inte vet vad som ska hända eller kan ha kontroll över saker. Första gången jag verkligen märkte av det under en skolresa var när jag gick i 6:an. Vi skulle segla till en ö utanför Ljungskile som heter Oxholmen och tälta och ha det kul. Jag var med och planerade mat, lekar och aktiviteter innan och jag tyckte detta skulle bli kul. Samma morgon som vi skulle åka var jag nervös vilket jag sa till mamma och hon satte sig ner med mig och bad en stilla bön för mig. Det lugnade mig och gav mig lite ro. Att vända sig uppåt, be en stilla bön om frid, trygghet och beskydd gav mig ett lugn och lite inre ro. Jag packade in min sovsäck och det andra jag hade med mig i bagaget på bilen, mamma skulle köra mig till skolan. Jag var lite nervös men inte överdrivet. Vi kom upp till skolan och där var det tomt.

Då kom jag på att vi skulle samlas i hamnen. Som tur var, var vi i god tid, så jag sa till mamma att jag skulle gå på toa innan vi åkte ner. Jag gick in i skolan och gick på toa. När jag någon minut senare kom ut från toan och gick mot utgången såg jag att en av mina äldre klasskamrater stod och pratade med mamma. Eftersom vi gick i en 6-7:a så var han ett år äldre. Jag blev rädd och tänkte att han kanske skulle åka med oss ner till hamnen, vilket han också skulle.

Du kanske tycker det verkar konstigt att jag blev rädd för att han kom, och att det var konstigt att jag fick ångest av detta, men det var så jag fungerade. När jag var ensam med mamma var jag trygg, men så fort min trygghet påverkades blev jag orolig. Jag tappade verklighetsuppfattningen och drabbades av panik.

Mamma såg att jag stod där innanför dörren och tvekade så hon gick in till mig, och jag grät. Jag hade panik och vägrade att följa med. Jag låste in mig på ett dass och mamma, stackaren, försökte trösta och lugna ner mig men jag vägrade. Detta var inget aktivt val på det sättet, det var inget jag påverkade. Jag bara var sådan. Jag förstod det inte själv utan jag bara reagerade så, jag flydde.

Till slut gav mamma upp och sa att hon var tvungen att köra ner den andre killen. Mamma bad mig, på den tiden på ett sätt ovetande om hur jag mådde, att prata med någon lärare, och visst jag lovade att det skulle jag göra. Men jag visste att jag bara skulle smita därifrån. Mamma gick ut och jag hörde att bilen körde iväg. Då händer något konstigt. Min puls går ner, paniken och ångesten försvinner. På något sett vet jag att det är över. Jag har än en gång "lyckats" fly. När jag hade torkat bort tårarna smög jag ut från toan. Jag smet ut genom ingången och sedan vidare bort från skolan. Sen smet jag, bokstavligen, till skogs. Jag var rädd, jag visste att jag bara hade smitit, vilket jag inte kunde hjälpa när jag hade panik, men efteråt fick jag dåligt samvete. Jag mådde inte bra och ville bort från allt och alla. Senare berättade mamma som då kommit hem, att hon hade varit väldigt orolig för mig. Det var inte konstigt. Jag irrade runt i Ljungskile i två timmar innan jag kom hem och gömde mig på vår garagevind i ytterligare en timme. Jag var rädd att klassen kanske inte skulle ha åkt än och att jag skulle bli medtvingad. Till slut hörde jag hur mamma kom ut från huset och gick mot bilen, och då insåg jag att jag var tvungen att visa mig. Nu skulle hon förmodligen ut och leta efter mig. Jag ropade på henne och hon vände sig givetvis om och sprang och kramade om mig.

Den här gången fick allt ett bra slut på utsidan. Min SO-lärare kom hem till mig på eftermiddagen och min klassföreståndare fick rapporten att jag var lite "dålig".

Men inombords var detta inget bra slut. Det gav mig bara ännu ett ärr. Ännu ett sår och nästa gång jag skulle tälta så skulle det bli ännu svårare, och det skulle faktiskt dröja nästan sex år innan jag tältade nästa gång.

**

2010 skulle vi med klassen till Gullbringa där en lärare hade en släktstuga. Vi skulle åka dit med bil och sen åka båt till en liten ö, kallad Söderhavsön. Vi skulle bara vara där över dagen så detta låter kanske inte så märkvärdigt, men jag spände mig. Jag oroade mig och jag var rädd. Jag hade aldrig varit där förut och visste inte vad som skulle hända där, så jag blev orolig, och jag hade även denna gång packat ned mina tillhörigheter. Men samma morgon som vi skulle åka drabbades jag av panik. Jag blev livrädd och visste inte vart jag skulle ta vägen. Pappa hade stuckit till jobbet och mamma var på väg till Trollhättan där hon pluggade till sjuksköterska. Efter många om och men ringde jag min lärare och förklarade att jag inte ville åka och att jag tyckte det var jobbigt. Han förstod mig. Ångesten släppte och jag var hemma hela dagen. Men detta förstörde för mig. Jag missade saker med mina vänner, och nästa gång vi skulle till den där ön, vilket vi skulle året efter, så skulle det bli en än värre kamp för mig. Men den gången som en segrare.

**

Ytterligare en händelse som inträffade på min fritid inträffade på kyrkans ungdomskväll. Varje onsdag kväll arrangerade kyrkan i Ljungskile en aktivitetskväll där kyrkans, och en del andra ungdomar träffades. Tillsammans med några ledare hittade vi på roliga aktiviteter. Ledarna planerade ofta allt i förväg, så för det mesta visste vi inte vad som skulle hända när vi kom dit.

 Som ni kanske förstår så var detta också en stor utmaning för mig. Visst, det var med många av mina närmaste vänner och det låter kanske konstigt, här borde jag verkligen varit trygg. Men eftersom jag aldrig visste vad som skulle hända så var jag ofta väldigt orolig. Den här gången skulle vi ut i skogen och grilla. Det var vinter, och vi skulle åka i bilar till ett ställe. Jag satt hemma vid 18-tiden och var nervös, varför?

Jag vet faktiskt inte riktigt, men det var något nytt. Jag hade aldrig förut varit med Tonår ute och grillat, jag hade aldrig åkt bil med de andra och som jag tidigare berättat kändes ofta oron i magen först, vilket gjorde att när det var något med mat så blev jag nervös och började lätt må illa. Pappa skulle skjutsa oss till kyrkan, den låg bara en kilometer ifrån oss, men idag så skulle han ändå dit. När vi kom upp till kyrkan så kom oron som en flod.

Detta är väldigt svårt att sätta ord på, men jag fylldes av obehag och blev illamående, pulsen gick upp och jag blev alldeles darrig. Jag fick panik och ångesten fyllde liksom upp mig. Jag kände mig värdelös.

Jag smet från kyrkan trots att pappa försökte få mig att stanna, vilket mina föräldrar alltid gjort. Men när du är i det tillståndet då är du helt omöjlig att övertala. Jag har ofta hört folk säga till mig att jag ska ta mig i kragen och liksom "ta tjuren vid hornen", men det funkar inte så. Det har ofta fått mig att känna att det är något fel på mig, när folk trott att de förstått, men inte haft en aning om hur jag faktiskt kände mig inombords. När de trott att man bara är nervös, men egentligen lidit inombords.

Detta är bara några exempel på vad jag gått igenom. Jag har mått bra längre perioder då allt varit "som vanligt", för att sedan må dåligt flera veckor i sträck. Innan jag gick i terapi, visste jag ju inte heller varför eller vad det var som gjorde att jag reagerade som jag gjorde, vilket gjorde allt ännu värre.

Sådana händelser påverkade mig, och gör sig fortfarande påminda ibland. Att jag sedan inte hade förmågan att ta tag i det utan hellre flydde från min ångest och oro gjorde det bara svårare för mig, och det skulle ta många år innan jag började förstå och kunde börja jobba med mig själv och mitt mående.

3 ETIOPIEN

Min skola började år 2009 ett samarbete med en del skolor i Etiopien, via en nyanställd etiopisk slöjdlärare på vår skola. Läraren, som heter Taddesse, växte upp i en mycket fattig by utanför staden Awassa i Etiopien. Han gifte sig med en svensk missionär och kom till Sverige, där han senare blev lärare. Vi hade i början lite brevkontakt med skolorna i Etiopien och några lärare från vår skola åkte ner och hälsade på i några byar. Efter ett tag väcktes idén att vi elever skulle få åka ner dit och hälsa på i byarna. 2010 blev idén verklighet när klassen över mig, de som gick i nian åkte tillsammans med några lärare och "Tadde". De var där i tio dagar och kom hem fulla av intryck och jag insåg redan då att vi förmodligen också skulle få åka dit. Men varje gång den tanken kom slog jag bort den. Jag tänkte att det låg så långt bort i tiden ändå, så jag skulle inte oroa mig i onödan. Sen var det ju inget bestämt på något sätt men det hade nämnts, och det skrämde mig. När vi började skolan efter sommarlovet 2010 så började jag alltså nian. Och då började det pratas. Inget "officiellt" meddelande men lite tyst så där... Men så en dag så samlade vår klassföreståndare oss och berättade att vi skulle få välja mellan Barcelona och Etiopien. Mitt hjärta stannade, vad skulle jag rösta på? Jag röstade på Barcelona. Det låg närmast, så trångsynt var jag. Det var mitt enda sätt att känna någon trygghet. Desto närmare allt jag kände till, desto mer överkomligt kändes det. Så en dag så sa en lärare till mig att vi behövde talas vid. Eftersom jag när jag var mindre var en ganska busig och livlig pojke, var detta inget som fick mig att känna mig obekväm. Jag var nog lite van vid det, så detta var inget konstigt. Men när jag satte mig i det lilla grupprummet dit läraren bett mig gå, frågade han mig: Kan du tänka dig att åka till Etiopien? Ännu en gång stanna mitt hjärta. Jag visste inte vad jag skulle svara. Givetvis var det mångas dröm att åka till Afrika, men jag var rädd. Jag fick reda på att jag varit den enda som hade röstat på Barcelona, och det gjorde inte saken bättre. Jag sa att jag inte visste riktigt. Men så sa läraren något som ändrade förutsättningarna rejält. Han sa: Du kan få ta med dig en förälder, om han eller hon betalar resan själv.

Jag insåg att detta var lösningen. Kunde jag få med mig pappa eller mamma så skulle jag förmodligen våga åka. När jag kom hem den eftermiddagen pratade jag med mamma och pappa. Jag berättade som det var, och mamma sa direkt att hon förmodligen inte kunde då, för hon pluggade ju. Men pappa sa att han skulle kolla med banken, där han jobbade. Nästa dag avslöjade läraren det i skolan. Inget var bestämt ännu men förmodligen skulle vi i början av 2011 åka till Etiopien. Alla jublade, alla utom jag. Åtminstone inte med hjärtat. Jag var livrädd, jag önskade att det aldrig hade nämnts. Att det aldrig hade kommit på tal, att det aldrig hade startats ett samarbete med de etiopiska skolorna. För trots att, om vi nu skulle åka, pappa följde med, så visste jag vilken inre resa detta skulle innebära. Vilken smärta detta skulle medföra. Jag var livrädd. Men jag bet ihop, för jag ville inte att mina klasskompisar skulle märka något.

***

Dagarna närmade sig, vi började handla in saker till resan. Plötsligt insåg jag hur nära i tiden det var. Jag var livrädd men samtidigt insåg jag att detta var en chans jag inte fick missa. Jag menar, hur många får chansen att åka till Etiopien, sova över i en infödingsby och se fattigdomen med egna ögon? Jag var inte säker på att jag ville åka, egentligen inte förrän dagen innan. Den kvällen låg jag i min säng och tänkte. Tankarna snurrade och jag kunde inte somna. Men så gjorde jag som mamma lärt mig som liten. Jag tittade upp i taket, knäppte mina händer och bad en stilla bön. Sen somnade jag.

Det var morgon! Morgonen jag hade våndats för i ett år. Men av någon anledning lyckades jag hålla oron i schack. Jag packade in väskorna i bilen, och pappa och jag åkte till skolan. När vi kom dit stod några av mina klasskompisar redan där. Jag var uppspelt, det var mitt sätt att dölja oron. Jag pratade en massa och var ganska flamsig. När vi stod där på parkeringen såg jag någon komma gåendes i backen upp mot skolan, det var Christer. Jag lämnade mina klasskamrater och sprang dit och fick en varm, typisk "Christerkram". Lite extra värme och ro vilket var välbehövligt denna annars mycket ångestfyllda och oroliga dag.

Efter ett tag började klasskompisarna komma och 8:orna (vi gick ju i en 8-9) kom ut för att säga hejdå. Vi började packa in i bilarna och tillslut efter många farväl och kramar begav vi oss iväg.

Flyget skulle gå från Landvetter och vi skulle åka i flera timmar innan vi skulle mellanlanda i Istanbul. Vi flög med Turkish Airlines och jag minns ärligt talat inte så jättemycket från flygresan. Men en sak minns jag! Jag minns när jag satte mig på det där planet hur jag inombords på något sätt visste att denna resa skulle komma att förändra mitt liv för alltid.

Vi landade mitt i natten och när vi gick ut från flygplatsen slog den afrikanska atmosfären emot oss. För visst var det en atmosfär som mötte oss. Värmen, lukterna, luften, människorna och känslan. Allt var liksom annorlunda, och det var verkligen skillnad emot hemma. Vi var där i tio dagar och vi spenderade dem med sightseeing, shopping, studiebesök på olika platser, besök i olika skolor, övernattning i en liten by, bad och en hel del annat. Som ni kanske förstått så gillar jag att ha kontroll på saker och att ha allting välplanerat, men den här gången hade jag inte koll eller kontroll över någon eller något. Jag hade bara min vinnarskalle och pappa. En kväll i en infödingsby brast det för mig! Jag storgrät i pappas famn, ångesten och rädslan blev för stark och alla känslor och intryck gick över huvudet på mig. Då kom pappa in i bilden för första gången på riktigt. Den varma, långa, tröstande kramen fylld av kärlek, medömkan och förståelse hjälpte mig mer än tusen ord hade kunnat hjälpa mig. Tryggheten i en fadersfamn blev avgörande för resten av den resan.

Etiopien blev en seger för mig. Vissa tyckte nog jag var feg som tog med pappa men ingen visste vilken resa detta var för mig, att detta skulle bli mitt livs första seger mot min ångest och min oro. Då utan att veta vad det var, utan att veta att jag led av något som skulle vara en hårsmån ifrån att kosta mig både utbildning och framtid. Etiopien blev verkligen en kamp, fylld av ångest och rädsla.

Men resan gav mig också, och alla andra, minnen och erfarenheter för livet. För mig var det speciellt. Jag kämpade med oron under hela resan. Jag hade inte koll på något och jag var orolig nästan konstant. Men efter den kramen där ute i den där infödingsbyn utanför Awassa nere i mörka Afrika, låg jag på ett busstak med mina kompisar och tittade på stjärnorna, och då kände jag frid. Jag fylldes med en underlig trygghet och känslan av stolthet fyllde mig. För första gången på flera år kände jag den där tryggheten. Jag fylldes med en visshet om allt en dag skulle vara över och att jag aldrig mer skulle behöva känna den ångest och oro som jag så ofta kämpat med. Jag kan fortfarande få den där nästan overkliga känslan när jag tänker på den kvällen i Etiopien. En kväll som gav mig hopp och tro för framtiden.

Jag gjorde många framsteg under resan. Bara det att jag åt på restaurang varje dag, att jag sov med mina klasskompisar, var grejer som jag tyckte var väldigt jobbiga, men det höll. Det var som att jag var så orolig för nästa dag där nere, att jag glömde bort oron under dagarna.

Denna resa blev ju väldigt speciell. Bland annat för att vi kom till en helt annan värld och fick se saker som vi normalt inte ser i Sverige. Fattigdomen, människor som svälter och den misär som vi stundtals skådade gav väldigt berörande och starka intryck. Att åka på denna resa förändrade nog synen på livet för oss alla. Alla intryck och händelser gav oss minnen för livet och jag skulle förmodligen kunna skriva en bok till, om bara resan. Men det som påverkade mig mest var hur tacksamma och glada människorna i byarna var. Trots att de nästan inte ägde något av värde, trots att de fick gå långa sträckor för att få tag i vatten och trots att de fick kämpa för att överleva, var de tillfreds med tillvaron och så glada över varje ny dag. Det var som att de hade så lite, att de inte heller saknade något. De visste ju inte vilka enorma materiella rikedomar som vi i västvärlden har och de såg ingen anledning att inte var glada. Här kom vi från en trygg och säker miljö med mängder av möjligheter, ekonomiskt välstånd och med alla bekvämligheter man kan tänka sig i våra hem. Och ändå kan jag garantera att de var lyckligare än de flesta av oss. Detta gav mig en tankeställare, vi värdesätter så ofta saker som inte har något värde. Jag bestämde mig där och då för att göra det i livet som jag tycker är roligt att lägga min tid och kraft på, det som får mig att må bra och det som får mig att bli glad. Och det är nog den viktigaste lärdomen av denna resa.

4 GYMNASIET

I början på 2011 skulle jag söka till gymnasiet, och som ni säkert förstått av det ni läst så blev detta en enorm sak för mig. Jag visste att jag var tvungen att gå gymnasiet för att få någon framtid och utbildning. Jag visste också att gymnasiet skulle innebära att jag skulle möta alla de saker, moment och utmaningar som jag helst ville slippa. Jag valde Samhälle Akademi på Margretegärdeskolan i Uddevalla. Sen släppte jag det. Eftersom jag valde program innan vi åkte till Etiopien så hade jag ju annat att tänka på, och det var nog bra. Det fick mig att lägga mitt fokus och min energi på något annat. Men efter att vi kom hem från Etiopien så började tankarna mala. Jag började fundera på att inte gå helt enkelt. Att söka jobb direkt istället. Men för det mesta försökte jag slå bort tankarna.

Det var den här sommarn som jag började träna friidrott lite seriösare. Jag började åka till Uddevalla och träna och började "få upp ögonen" för det. Jag började förstå vilken vikt ett intresse eller en idrott kan ha för att man ska må bra. När jag åkte in och tränade så glömde jag för ett ögonblick allt runtom som var jobbigt och alla oroliga tankar som malde. Och när det var som värst under de här dagarna kunde jag ändå se fram emot något varje dag. Att träna. Träningen fick mig att glömma allt jobbigt, att se framåt och att hitta självförtroende och identitet. I takt med att jag tränade mer så började jag faktiskt även förstå att jag nog hade lite fallenhet för detta. Och vi är nog alla sådana att när man är bra på något och får höra det från andra, då ger det lite boost på andra områden i livet också.

Men efter ett tag insåg jag att det snart var dags. Dagarna kröp allt närmre och med en vecka kvar av sommarlovet så insåg jag att det började bli allvar. Helt plötsligt stod saker som utbildning och jobb på spel. Jag hade redan tänkt tanken att inte gå gymnasiet, att bara skita i det och försöka jobba eller något istället. Men samtidigt kunde jag inte slå bort tanken på om jag verkligen skulle kunna förlåta mig själv om jag struntade i gymnasiet. Skulle jag någonsin få chansen att utbilda mig till något jag ville, om jag struntade i det nu?

Dagen innan uppropet kom ångesten som en bomb. Jag gick direkt till mina föräldrar och slog fast att jag inte skulle gå gymnasiet. Mamma och pappa förstod att jag höll på att freaka ur, de försökte peppa mig och sa att det kommer gå bra. Men när du befinner dig i ett tillstånd där du har det jag skulle kalla för panikångest, då kan ingen övertala dig. Jag såg bara det negativa, och jag kunde inte på något sätt tänka mig att åka in till skolan. Mina föräldrar gav väl inte direkt upp men de insåg nog att jag inte skulle åka in. Jag mådde väldigt dåligt under den här tiden. Jag kunde knappt sova och ville bara att allt skulle vara över på något sätt. Jag hoppades på att allt jag oroat mig för skulle försvinna. Att jag aldrig skulle behöva gå gymnasiet och att jag istället kunde få leva vidare i min trygga värld. Men så blev det inte. När mina kompisar satte sig på tåget in till Uddevalla satt jag i min säng och grät. Mina föräldrar försökte få in mig, men jag vägrade. Dagarna gick, och vi höll lite kontakt med skolan. Vi beslutade att jag skulle i iallafall träffa min mentor. Jag gjorde det, och det var inget problem för mig. Jag visste precis vad som skulle hända och såg därför inte någon anledning att inte åka. Jag blev inte orolig och någon ångest fick jag inte. Vi gick igenom lokalerna och sen pratade vi en stund. Vi bestämde att jag skulle komma in lite senare i veckan och träffa några lärare. Jag åkte in och pratade med några lärare, och även med rektorn på skolan. Det var under de här veckorna jag och min mamma för första gången pratade om att söka professionell hjälp. Både jag och mamma hade förstått att nu hade det gått för långt. Såhär ska man inte må och detta behövde jag få hjälp med. En på många sätt skrämmande och jobbig insikt men idag är jag oerhört tacksam att vi tillslut landade där. Kanske borde vi landat där långt tidigare.

Till slut kom vi fram till att jag nästa vecka skulle komma in och träffa klassen. Jag skrämdes över tanken men "sköt fram" oron. Det var ju först nästa vecka tänkte jag, och försökte att inte tänka på det.

Nästa vecka kom och helt plötsligt var det dags att träffa klassen. Jag minns att pappa och mamma hade rest bort den dagen och att jag tog tåget in. Detta var den dag då jag för första gången i mitt liv insåg: Jag mår verkligen inte bra! En mycket skrämmande insikt. Ångesten hade präglat mina senaste veckor och hela sommaren hade jag gått med en underliggande, gnagande ångest i mig. Men när jag vaknade den morgonen, fylld av ångest, förstod jag att detta måste jag söka hjälp för. Jag var mycket nära att inte åka, men jag satte mig tillslut på tåget och åkte in. När jag kom fram till skolan fick jag panik. Jag gick runt i centrum en stund och försökte fly bort från mina tankar. Efter ett tag ringde pappa. Då hade min lärare undrat vart jag var, och ringt pappa, och han i sin tur ringde mig. Jag sa som det var, att jag hade fått panik och stuckit iväg. Då sa han att han och mamma skulle komma till Uddevalla. Jag insåg att jag inte bara förstörde för mig själv utan också för andra, då blev allt mycket allvarligare för mig. Det är en sak när man förstör för sig själv, det är inte bra, men det är liksom ändå bara man själv som utsätts. Men när jag nu förstod att jag förstörde för mina föräldrar, som skulle vara bortresta på en liten minisemester, så kändes allt skit. Jag sa till pappa att jag skulle lösa det. Jag gick upp till skolan och träffade min lärare i receptionen. Vi gick tillsammans bort till kuratorn och satte oss ned. Detta var första gången jag träffade en kurator. Hon hette Lena. Hon frågade vad det var jag tyckte var jobbigt. Jag svarade det jag trodde. För jag visste inte riktigt. Jag sa att jag tyckte det var jobbigt med allt det nya, och att jag mådde dåligt.

Vi sköt fram mitt möte med klassen ytterligare en vecka. Det kändes skönt men samtidigt visste jag att detta inte var lösningen. För hur mycket jag än sköt fram grejer så kom de till slut tillbaka. Så hade jag alltid gjort vilket inte alls varit bra. Det kändes ju bra för stunden men det var aldrig en långsiktig lösning.

Veckan därpå var det då dags, igen. Jag stod och tvekade utanför skolan. Jag var nära att inte gå in i byggnaden. Men då sa min lärare att vi kunde gå upp och bara presentera mig och sen gå igen. Det lät okej och jag bet ihop och följde med. Jag kämpade mig verkligen upp för de trapporna som ledde till den våning där klassrummet var. Jag hade ångest och var livrädd, men jag försökte verkligen bita ihop. När vi kom upp så öppnade läraren dörren och presenterade mig och sa att jag inte hade bestämt vilket program jag skulle gå. När jag stod där kände jag mig helt förstenad, nästan lite chockad. Allt jag tidigare varit rädd för fanns inte där. Jag kände mig trygg, all oro försvann, och jag ville stanna. Men min lärare gav eleverna deras uppgifter, och sen sa hon till de andra att vi skulle gå. Vi bestämde ju innan att jag bara skulle presenteras, så vi gick ut. Ibland undrar jag vad som hade hänt om jag stannat, då hade jag kanske gått i den klassen tillslut ändå.

Men så blev det inte, vilket jag är tacksam för idag. Jag pratade efteråt med min lärare och kuratorn. De hade insett att det inte funkade. Min lärare hade sett hur ångesten plågade mig och sa att vi skulle försöka hitta en annan lösning. Det var då studieverkstan kom på tal för första gången. Jag visste inte vad det var för något, men jag ville bara hitta ett ställe jag kunde må bra på och samtidigt gå i skola. Det bestämdes att jag skulle träffa skolans ungdomskonsulent Issi och se om jag eventuellt skulle börja på studieverkstan. Jag tyckte det lät okej. Jag har aldrig haft problem med att träffas mellan fyra ögon, det var i grupp som det blev jobbigt. Så jag träffade Issi. Det är inte ofta jag säger så här men när jag gick in i det där lilla "lärarrummet", som jag senare skulle komma att spendera många timmar i, så visste jag någonstans inom mig: Här kommer jag bli kvar. Jag märkte direkt, hon här var inte som alla andra. Hon utstrålade en sådan värme som väldigt få människor jag mött. Hon var så förstående och fick mig att känna mig trygg.

Hon berättade vad studieverkstan var för något. Det var inget nationellt program och det var inte riktigt IV heller. Det var ett slags individuellt program där man läste kurser tills man läst klart eller bytt till ett nationellt program. Det var ju fortfarande gymnasium, men det var inte heller så att alla som gick där läste tillsammans, utan alla hade ett individuellt upplägg. Jag tyckte det lät bra, jag fick träffa lärarna och mitt första intryck var att de var väldigt förstående och snälla.

Jag gick hemma även den veckan och skulle bestämma mig i slutet på veckan. Jag bestämde mig för att göra ett nytt försök. De veckorna som varit hade varit de värsta i mitt liv, och hade tagit oerhört mycket kraft. Jag hade redan nått botten. Jag mådde redan så dåligt, att det kändes som att det inte kunde bli så mycket värre.

När jag veckan därpå åkte in så åkte mamma med. Vi träffade först Issi på morgonen och sen skulle jag gå in i klassrummet. För de flesta så är detta nog ingen big deal. Men det var det för mig. Jag bävade inom mig, men jag hade så pass mycket insikt att jag förstod, kan jag inte gå in här, med dessa lärare och det stöd som de utgjorde, då kan jag nog inte gå gymnasiet över huvud taget. Jag gick in, satte mig längst bak, närmast dörren och tittade ut över klassrummet. Jag vet inte vad jag hade förväntat mig men det var nästan ingen som tittade upp. Inga av de andra eleverna brydde sig om att en ny kille klev in genom dörren. För mig var detta perfekt. Jag var livrädd för att någon skulle komma fram och börja snacka. När den reaktion jag hade väntat mig uteblev, andades jag ut en aning. Jag kunde sitta där bak och jobba, och ingen brydde sig eller la märke till mig. Mitt sätt att inte drabbas av panik var att stänga in mig i min egen bubbla. Jag satt helt enkelt längst bak och var tyst.

Efter en liten stund kom en lärare vid namn Lovisa till mig och satte sig bredvid mig. Hon hälsade och sa att hon var lärare i svenska och historia. Jag klickade direkt med henne, och när jag fick träffa de andra lärarna så insåg jag: Här ska jag stanna!

De första veckorna var jobbiga. Jag satt längst bak varje lektion, sa inte mycket och så fort lektionen var slut var jag först ut ur klassrummet. Det som tidigare varit mitt problem var ju när nya saker hände, och när jag inte hade koll på saker och ting. Här på gymnasiet var allt nytt, och jag hade inte koll på något. Egentligen tycker jag inte man ska hylla människor allt för mycket men här, på Studieverkstan, fanns verkligen människor värda en extra hyllning. Ungdomskonsulenten Issi blev som en extramamma, min personliga mentor och min livscoach. Om hon var på sitt kontor, gick jag dit varje rast. Jag pratade om allt mellan himmel och jord, det var liksom inget psykologsnack i första hand. Men jag litade på henne och kände ett stort förtroende för det hon sa och jag kände mig trygg tillsammans med henne. Hon hade ett genuint intresse för hur jag mådde, och brydde sig om mig på riktigt vilket fick mig att känna mig väldigt trygg.

Detta var något unikt, hon hade ingen egentlig anledning at bry sig om mig mer än det som krävdes i hennes jobb, men hon tog sig verkligen tid och brydde sig genuint om mig.

Lovisa, som var min mentor och lärare i svenska och historia hade förmågan att få en att känna sig accepterad för den man var. Egentligen hade nog alla lärarna här den förmågan. Jag möttes med respekt och en enorm förståelse för att vi är olika. Ju mer jag tänker tillbaka på gymnasietiden så inser jag vilka fantastiska människor som jobbade där och vilket tålamod de hade med oss elever. Vilken respekt de mötte oss med och vilket intresse de hade för vårt mående och vårt välbefinnande.

Min gymnasietid blev verkligen en kamp. De första månaderna gick det nog inte en lektion utan att jag hade en klump i halsen. Först ut, sist in. Det var så det var. Jag satt nästan alltid längst bak hela första terminen. Jag åt aldrig i skolan under de första månaderna. Det tog mig nästan tre månader innan jag började äta i skolan. Det var skitjobbigt, för att vara ärlig. Jag mådde verkligen inte bra, vilket blev allt tydligare för mig när jag några år senare mådde bra och såg tillbaka på mitt första år. Jag nådde verkligen botten i början av den här terminen och det tog tid att för mig att återhämta mig. Jag var nästan konstant orolig, hade svårt för nya lektioner och nya klasskamrater. När man börjar gymnasiet så börjar man läsa en massa nya ämnen, det är många nya lärare och nya klasskamrater. Om jag inte visste vad som skulle hända fick jag lätt lite panik, och detta blev jag väldigt påmind om under gymnasietiden.

Men det blev bättre. Studieverkstan var verkligen den perfekta miljön för mig. Efter ett tag började jag inse att jag faktiskt kunde hänga upp jackan i mitt skåp och att jag faktiskt kunde sitta kvar i klassrummet på rasten. Det blev många besök hos Issi under denna tid. Hennes arbetsrum låg i rummet mitt emot vårt klassrum, så för mig var det inga problem att gå dit på rasten. Efter ett tag började jag också äta i skolan. Jag hade två gamla klasskamrater från grundskolan som gick i samma skolhus, så vi åt tillsammans när det passade. I början åt jag väldigt lite, men efter ett tag släppte även den spärren. Mina skoldagar började kännas bättre och jag började även må bättre. Jag gick regelbundet till skolans kurator och kände hur jag sakta började göra små framsteg.

5 TERAPI

Ända sedan jag var liten har jag förstått att jag var lite annorlunda. Jag menar, jag började ju undra varför jag mådde dåligt? När jag åkte till Etiopien visste jag inte vad ångest var för något. Jag visste inte vad som gjorde att jag mådde som jag mådde. Ändå tog jag ett stort steg i rätt riktning för att bli fri från det. Jag åkte, jag trotsade min oro. För första gången i mitt liv så gick jag emot allt vad jag var rädd för, allt jag oroade mig för. Jag litade på min magkänsla. Den sa att det här får du inte missa. Det blev en vändning i skallen på mig. Jag insåg att jag kan. Att oron kanske inte var oövervinnerlig, utan att jag faktiskt kunde besegra den. Gymnasiet 2011 blev däremot ett enormt bakslag. Det tog tvärstopp. Jag spenderade hela sommarn i ovisshet, jag försökte att inte tänka på vad som skulle komma. Jag sköt liksom fram oron. Det hjälpte för stunden men jag insåg att tillslut kommer det ikapp mig, det gör det alltid, hur mycket du än försöker tänka bort det du oroar dig för så kommer det tillbaka. Det kommer inte försvinna och det är ingen mening att gå och oroa sig i onödan men det hjälper ännu mindre att skjuta fram det för att sedan få panik och ångest dagen innan. Jag gjorde ju precis det man inte ska göra, jag sköt fram det och dagen innan så sa jag att jag inte tänkte börja. Som ni vet hamnade jag efter många om och men på Studieverkstan på Sinclair. Och det var ju då jag träffade Issi. Det var också hon som tipsade om kognitiv beteendeterapi. När hon sa det, slog jag bara bort tanken. Men jag hade under månaderna som varit insett att jag behövde hjälp. Jag insåg att jag behövde ta tag i min ångest och oro innan det var försent, det är väl i och för sig aldrig försent, men jag ville inte missa något mer mitt liv hade att erbjuda. Mamma ringde vårdcentralen och kollade om de hade terapeuter som jobbade med kognitiv beteendeterapi. Då hade jag ingen aning vad detta var för något. Vårdcentralen erbjöd beteendeterapi men hade ett litet utbud och jobbade mest med fobier. Men Issi tipsade då om Cognidea i Uddevalla. Vi fick numret till Ingrid Bjärstedt, en av psykologerna där, och mamma ringde henne. De kom överens om att jag skulle träffa henne en gång, och så skulle vi se hur det kändes. Jag minns att jag gick dit efter skolan en dag, det kändes konstigt. Terapi, jag? Det som för mig alltid varit så långt borta, det som känts som något jag aldrig skulle komma i kontakt med. Det låg plötsligt framför fötterna på mig.

Jag var faktiskt lite rädd. Jag har alltid föreställt mig att de som går i terapi är sjuka eller "konstiga". Och så stod jag själv där helt plötsligt. Det var helt obegripligt. Var det något fel på mig, varför behövde jag detta, har jag en diagnos? Frågorna snurrade i huvudet men när jag väl träffade henne så kände jag hur jag lugnade ner mig. Terapi var på ett sätt precis som jag hade tänkt mig. Rummet var helt fyrkantigt och ett skrivbord stod i ena hörnet. Stora fönster vette ut mot en av Uddevallas bakgator. Det stod två fåtöljer i rummet. De stod snett mitt emot varandra och emellan dem stod ett litet bord. Det var precis som jag hade tänkt mig ett "terapeutrum". Jag fick en flashback till en TV-serie jag hade kollat på där en psykolog hade nästan exakt ett sådant rum. Hur som helst, jag trivdes där. Hon frågade mig en del privata saker, typ vad jag gjorde på fritiden och om jag hade många vänner och sådant. Jag tyckte det kändes bra. Hon frågade frågor som fick mig att vilja berätta om mig själv. Jag har nog aldrig varit så ärlig som jag var här. Man ska ju givetvis alltid vara ärlig men här tänkte jag verkligen på vad jag sa. Hon frågade mig om jag hade några nära kompisar att prata om jobbiga saker med. Jag tänkte efter, och här klämde nog skon lite. Jag insåg att jag aldrig hade haft en riktigt nära jämnårig vän att prata med, å andra sidan hade jag nog aldrig öppnat upp mig på riktigt heller.

Andra gången jag gick dit började terapin på riktigt. Den började så klart första gången också, men nu började hon fråga om vad som hände när jag blev orolig. För det var så jag sa. Jag visste inte vad panikångest var, jag visste inte heller vad kognitivt beteende var. Hon började fråga i detalj vad jag tänkte när allt hände. Jag svarade som det var.

- Jag freakar ur, jag får panik och mår dåligt. Jag känner mig värdelös.

Då berättade hon hur en människa fungerar. Hon berättade om hur hjärnan i vissa situationer sänder ut en signal. Det här ska du vara rädd för! Du fylls av en känsla av lite obehag, du blir lite nervös, sen går känslan över i ett beteende. Du kanske börjar må illa rent fysiskt och pulsen kanske stiger. Jag förstod med tiden hur allting sitter i huvudet. Jag tänkte i vissa situationer att det här kommer bli jobbigt, eller det här är farligt, utan att veta varför. Utan att veta om det var farligt, utan att ifrågasätta vad som egentligen kunde hända. Omedvetet byggde jag upp en rädsla för vissa saker, och detta ledde till att när vissa specifika händelser närmade sig fick jag ångest och panik utan att egentligen veta varför. Jag kunde må så illa inför vissa saker så att jag spydde utan att det egentligen fanns någon fara. Och när jag inte bröt mönstret utan bara flydde från allt som jag tyckte var jobbigt, blev det ännu svårare nästa gång en liknande situation dök upp. Tillslut var det omöjligt att ta sig igenom någonting alls. Började jag tänka minsta lilla oroliga tanke, eller blev jag det minsta lilla nervös så kunde det leda till att jag fick panikångest och freaka ur fullständigt. Det som skrämde mig när hon förklarade detta för mig var att jag inte kunde se hur jag skulle kunna komma ur denna onda cirkel som det nu blivit.

Men det som jag idag ser som en stor seger började som sagt hos Cognidea i Uddevalla. Varje gång jag var där fick jag en läxa. Läxan innebar att jag skulle utmana mig själv på något sätt. Jag och min psykolog kallade det för att "fejsa min oro". Det hela gick ut på att i små steg utmana mig själv och min oro. T.ex. tyckte jag att det var jobbigt att äta hos andra och brukade oftast smita innan det vankades mat på borden. Men nu skulle jag äta om jag var hos andra, kanske med mina föräldrar, men jag skulle inte springa därifrån. Och jag gjorde det. När min familj blev bortbjuden så åt jag där, visst, jag kanske satt bredvid mamma men jag åt där. Och så här höll jag på. Under ett års tid utmanande jag mig själv i små steg och gjorde hela tiden framsteg. Jag försökte hela tiden utmana mig själv och göra saker som jag tyckte var lite jobbiga, men inte så jobbiga att jag fick panik. Jag åkte inte med mina kompisar till Liseberg, men jag åkte med till badhuset istället. Och fråga mig inte varför jag tyckte badhuset kändes bättre än Liseberg, för det kan jag nog inte svara på. Men såhär gjorde jag och det fungerade alldeles utmärkt. Visst blev det jobbigt ibland men min psykolog lärde mig att ifrågasätta oron. Hon sa till mig att gå ut ur mig själv, titta på mig utifrån, titta på hela situationen utifrån och ifrågasätta vad det var som fick mig att känna ångest. Vad det var som fick mig att inte vilja följa med eller vad det nu än innebar.

Efter ett knappt år så hade jag min sista gång i terapin. Och tro mig, jag undrade hur jag i hela friden skulle klara mig nu. Jag var ju inte färdig, visst hade jag gjort mina framsteg, men att behöva ha med morsan och farsan varje gång jag skulle käka, det gick ju inte. Så jag ville egentligen inte sluta. Men då berättade Ingrid för mig hur denna sortens terapi var tänkt att fungera. Jo, denna terapi håller på hela livet. Hon sa att jag kommer behöva kämpa med dessa bitar hela livet och att det är en långsam process, det tar tid. Och nya saker kommer jag möta hela livet så visst hade hon en poäng. Jag blev förvånad, jag tänkte att när jag slutade terapin så skulle jag aldrig mer känna ångest eller få panik över saker och ting. Men jag hade fel. Det skulle jag.

I samband med en ansökan skrev Ingrid följande om mig och mitt beteende:

"Benjamin hade sedan flera år haft ångest som begränsat hans liv och lett till undvikanden av flera situationer både i skolan och på fritiden. Han hade t.ex. inte börjat på vanligt nationellt program i gymnasieskolan. Benjamin var motiverad och kapabel att göra förändringar och vi träffades några gånger under våren 2012 samt hade uppföljning och avslutning 3/9-2012. Då hade Benjamin till stora delar förändrat både förståelse och

förhållningssätt till ångest och gjort flera beteendeförändringar. På grund av sin då uttalade ångestproblematik kunde Benjamin inte påbörja ett nationellt program på gymnasieskolan HT 2011. Dessa omständigheter föranleder nu att Benjamin behöver gå ytterligare ett år i gymnasieskolan för att få sin gymnasiekompetens. "

Min skolläkare från grundskolan skrev såhär:

"Undertecknad har varit skolläkare för Benjamin under 9 års tid och har god personlig kännedom om honom. Han har sedan barndomen haft uttalade ångestbesvär som eskalerade i samband med påbörjade gymnasiestudier 2011. Denna ångestproblematik har starkt begränsat hans vardag och lett till undvikande av flera situationer både i skola och på fritiden. Benjamins ångestproblematik orsakade att Benjamin inte kunde påbörja ett nationellt program 2011. Detta föranleder att Benjamin behöver gå ytterligare ett år i gymnasieskolan. "

Min ungdomskonsulent Issi skrev såhär:

"Benjamin har svårt för stora förändringar och nya grupper när det gäller hans studier och har därför fått möjlighet att läsa i Studieverkstan som är en mindre verksamhet inom IM. Benjamin har provat att gå på två olika nationella program inom Uddevalla gymnasieskola, men har inte alls mått bra av detta. "

6 ETT LITET STEG FÖR MÄNNISKAN

Jag lärde mig under min tid hos Cognidea hur jag, när en jobbig situation uppstår, ska "kliva ur" mig själv och titta utifrån. Jag ska ifrågasätta det som händer. Hur farligt är det egentligen, inte är det väl så hemskt. Jag lärde mig att i huvudet försöka se objektivt på det hela, att försöka se det utan att påverkas av mina känslor. Utan att låta ångesten och paniken ta över. Att ställa sig bredvid sig själv och utmana sig och fråga sig, vad är det värsta som kan hända, då förstår man att det inte är så farligt. Det är detta moment man måste jobba på. Man måste se till att man hamnar i situationer som är så pass jobbiga att man blir orolig men inte så jobbiga att man "freakar" ur fullständigt. Det är inte självklart att beteendet eller ångesten försvinner helt, för det kanske det inte gör, men det blir lättare för varje gång man lyckas och till slut så kommer det inte påverka vardagen som det kanske gjort innan.

Jag hade som liten väldigt svårt att sova i tält och som jag skrev tidigare så vägrade jag bland annat att åka med på skolresor på grund av detta. Men jag åkte heller inte med på kyrkans läger till viss del på grund av tältandet. Det var givetvis inte bara det men det var en viktig pusselbit. Jag var aldrig någon naturmänniska på det sättet att jag gillat skogen och jag gillade aldrig att sova i tält av bekvämlighetsskäl. Jag sov mycket hellre i en säng i ett rum. Men så insåg jag, efter att inte ha sovit i tält på sex år, att det var dags att bryta den bojan. Jag satte upp ett tält i trädgården. 18 år gammal. Du kanske skrattar, det gör nämligen jag när jag tänker på det. Det är en sak att tälta i skogen när man är 18, men i trädgården. Hur som helst så var det mitt sätt att komma över en tröskel. Jag tog med en kompis, och vi hade både dator och madrasser i tältet. Jag sov som en stock. Jag tyckte faktiskt det var rätt kul. Natten efter sov jag där igen, själv och ingen ångest över detta. En liten men viktig seger.

Släktträffar, kalas och bröllop blev också tillfällen då jag fick utmana mig själv.

Vi har en stor släkt och de allra flesta bor i Småland, alltså en bra bit ifrån oss. Därför har det naturligt blivit enklare att arrangera släktträffar där när vi velat träffa släkten. För mig har detta inneburit mycket tankar och mycket oro. Även om det är släkten, har jag inte riktigt känt mig trygg med dem. Det har lett till att jag ganska ofta skippat att åka med. Jag har smitit när jag istället borde åkt med och bitit ihop. Några gånger har jag dock åkt vilket i efterhand känts fantastiskt. En kusin till mig gifte sig under mitt sista år på grundskolan och jag var inte alls särskilt sugen på att åka. Bröllop är ju speciellt, man vet inte vad som ska hända, förutom att brudparet säger JA då förhoppningsvis. Men i övrigt så händer mycket under festen som är överraskningar och jag gillade inte det. Dessutom skulle det komma en massa människor som jag inte kände och jag var rädd att jag skulle hamna i situationer jag inte skulle trivas i. Det som lockade var att farmor och farfar skulle vara där. Den här gången åkte jag med och det blev en minnesvärd och rolig dag. Ofta har det varit så att när jag åkt med på saker och väl kommit dit så har ofta ångest och oro runnit av mig. Jag har åkt dit och väl på plats känt mig trygg och haft väldigt kul, även om jag innan varit orolig och haft ångest. Under mitt första gymnasieår så förvärrades ju mina ångestbesvär och det året åkte jag inte heller med på något bröllop eller på någon släktträff. Kanske hade det att göra med att skolstarten hade tagit så mycket energi av mig, eller så var det helt enkelt så att jag var feg och hellre smet från mina problem än att ta smällen. Jag fick panik och fegade ur, och det gjorde jag under lång tid. Det var samma visa varje gång, så det blev inte lättare nästa gång familjen skulle åka på släktträffar. Jag valde att allt som oftast stanna hemma och det drabbade även familjen. Men så var vi på ett släktkalas hos pappas syster i Växjö sommaren 2013. Detta blev en vändpunkt för mig. Det var hemma hos dem, och jag hade haft många oroliga tankar och även en del ångest inför det här. Men nu hade jag gått i terapi, jag visste hur jag skulle bemöta mina tankar och känslor.

Jag visste hur jag skulle tänka för att få bort ångesten. Det gnagde i mig, men jag åkte med och hade en väldigt härlig dag. Nyckeln låg i att jag försökte titta på mig själv utifrån. Det är lite som att kliva ur sig själv och titta från sidan och sedan ifrågasätta det som ger upphov till oron och ångesten. Jag visste att egentligen var det ju inget att oroa sig för. Det var en släktträff, och vi skulle käka lite mat och sedan spela lite brännboll tillsammans. Jag kände i princip alla som skulle komma, och när jag tänkte såhär så började jag släppa tankarna. Jag började inse att det kanske inte var så farligt. Jag kom dit, ångesten släppte och jag trivdes riktigt bra. Detta var första gången på lång tid jag var med på en släktträff och jag hade riktigt roligt. Idag har jag inte alls detta problem längre. Ibland påminns jag givetvis om min ångest och min oro i dessa sammanhang men jag har fått nyckeln att besegra och kontrollera den.

Gymnasiet fortsatte vara ett alldeles utmärkt övningsområde. Varje dag var det alltid något litet jag kunde utmana mig själv i. I början av gymnasiet hade jag väldigt svårt för att se film i skolan men efter ett tag så släppte även detta. Jag minns hur jag satt i ett grupprum och skulle se filmen 1492, den handlade om Christoffer Columbus. Efter ett litet tag öppnades dörren och en klasskompis klev in och sa att han skulle se den med mig. Innan den dagen hade jag aldrig sett film med någon klasskompis. Det kanske låter konstigt, men för mig var det så här. Jag smet varje gång det vankades filmvisning. Han satte sig hur som helst bredvid mig och kollade. Jag fick givetvis en klump i halsen, men satt kvar. Jag var inte beredd på det här och hade inte heller hunnit oroa mig för det, eftersom jag inte visste att han skulle komma. Men efter det här tillfället så började sakta men säkert även detta moment förbättras. Jag började se film med klassen och då vi ofta såg film på mentorstiden så hängde jag på. Och efter några filmer så släppte min ångest. Idag reflekterar jag över det ibland, hur snabbt jag ändå utvecklades och vilka framsteg jag gjorde. Från att inte kunna sitta kvar i ett klassrum utan att drabbas av panikångest vid filmvisning till att något år senare, som alla andra, längta efter film på lektionen. Det finns så många områden där jag har fått se en sådan utveckling så jag kan inte skriva om allt. Det skulle ta för lång tid, men jag ska visa på några fler exempel från skoltiden.

Mat har alltid varit en akilleshäl i sammanhanget, och så också under min gymnasietid. I början åt jag inte i skolan men efter ett tag kom jag, tack vare mina gamla klasskompisar från grundskolan, över detta. Min pappa jobbade i Uddevalla, vilket gjorde att jag ibland åt ute med honom. Detta blev den perfekta vägen för mig för att senare kunna äta ute med kompisar. Vad jag kan minnas, så åt jag första gången med kompisar ute på ett litet taco-ställe i Uddevalla. Detta skedde när två av mina gamla klasskamrater gick i trean och jag gick i tvåan. Taco-restaurangen ägdes av en kille som jag kände, och var ett litet hemtrevligt ställe. Jag minns hur jag på vägen dit tänkte att idag ska jag ta ett stort steg. Det gjorde jag också. Jag åt sedan ute några gånger till med dem och klumpen i halsen försvann sakta men säkert.

2012 sökte jag till Uddevalla gymnasieskola igen. Varför då undrar ni kanske? Jag gick ju redan på gymnasiet. Jo, jag gick på Studieverkstan vilket var ett individuellt anpassat program under IM, Individuella Programmet. Men jag ville ge ett vanligt gymnasieprogram en chans till. Jag sökte till möbelsnickeri och hantverkslinjen på Östrabo Yrkes i Uddevalla. Jag valde det i första hand för att det var få som sökte hantverksprogrammen och för att det då skulle vara en liten klass vilket skulle passa mig lite bättre. Tanken var att jag skulle läsa klart mina påbörjade kurser på Studieverkstan och under tiden läsa hantverkskurserna på Yrkes. Första dagen närmade sig och jag gick dit. Issi gick med upp och jag satte mig i klassrummet. En ny klass, nya människor och nya lärare. Redan här kunde jag se en enorm utveckling jämfört med året innan, då jag inte ens tog mig in till skolan. Första dagen var en introduktion då vi skulle gå igenom lokalerna, vad vi skulle lära oss och vilka tider som gällde. Jag satt som på nålar. Jag väntade i stort sett bara på att jag skulle få panik. Men under den första dagen fick jag inte det. Jag var nära att få det när min klassföreståndare Roger sa att vi skulle gå och ta en fika tillsammans. Då frös jag till. Klumpen i halsen kom och jag började känna att ångesten kom. Direkt sa jag till honom att jag "tyvärr" inte kunde följa med, jag var tvungen att gå till Issi på Studieverkstan och kolla upp lite schemagrejer. Det stämde inte men det blev den naturliga reaktionen för mig. Jag var grym på att snabbt och smidigt komma på bra och trovärdiga bortförklaringar. Det hade ju blivit några övningstillfällen genom åren. Jag gick ner till Issi och sa att första dagen hade gått bra. Det hade den trots allt. Då vi hade slutat åkte jag hem med en känsla av seger. Men som ni vet slutar inte äventyret där. Dagen efter skulle vi ner till Sinclair för att hämta datorer och det var ungefär så mycket jag klarade av. Jag hade ändå tänkt mycket på skolan under sommaren och oroat mig en del även om det inte hade fått samma konsekvenser som året innan. Det tog kraft, allt tänkande alltså. Jag gick med till Sinclair och följde med till datasalen. Jag hämtade min dator och fyllde i papperna. Men när vi sedan skulle gå brast det för mig. Jag hade kämpat så för att stå emot mina känslor och min oro att jag nu inte orkade längre. Jag sprang till tåget och åkte hem.

Morgonen efter skulle jag till Studieverkstan på första lektionen och jag gick då till Issi. Jag berättade vad som hänt och vi gick tillsammans upp till Roger på hantverksprogrammet. Han förstod mig och jag sa till honom att det hade blivit för jobbigt.

Jag ser detta idag som en av mina största segrar. Jag åkte dit, jag var med och jag försökte. Men det kostade för mycket vid sidan av. Jag orkade inte riktigt kämpa hela vägen ut. Jag tänkte på det konstant under de dagarna och ångesten gnagde i mig. Även om jag inte fick panik så mådde jag inte bra av det och i samråd med mamma och Issi så tyckte vi det var bäst att jag inte gick kvar. Jag stannade ändå kvar och hade de praktiska lektionerna i ett halvår till. Dock ensam med Roger och det var i första hand för att få poängen från kursen. Jag trivdes aldrig socialt med mina klasskamrater där och det blev för mycket oro för att jag skulle orka gå kvar. Jag minns hur ledsen jag var efter detta, och då såg jag det som ännu ett misslyckande. Men idag inser jag vilken seger det var och vilka steg jag tog och hade tagit under det året. För jämför man med året innan så var det en enorm skillnad och en enorm utveckling. Året innan åkte jag inte ens in. Jag försökte inte ens. Då mådde jag för dåligt för att ens orka försöka. Denna gång försökte jag och gjorde mitt bästa. Det höll inte riktigt men det gav mig en visshet om att jag kunde. Även om jag inte gick kvar så gav jag det ett försök vilket visade hur mycket jag hade lärt mig av terapin och den tid som hade gått.

2012 började jag också på Uddevalla Elitidrottsgymnasium. Jag gick inte där från början men efter ett år så pratade jag med min tränare och sedan med UEIG: s rektor och jag förklarade hur jag kände kring UEIG. Jag har aldrig haft några problem att träna och då den mesta tiden på elitidrottsgymnasiet spenderades i Rimnershallen, så var det mer eller mindre hemmaplan för mig. Sen hade jag en klubbkamrat som också gick på UEIG. Jag minns att de första veckorna väntade jag in hans tåg innan jag gick med honom till Rimnershallen. Även om vi inte kände varandra så väl innan så blev han en slags trygghet mitt i allt. Efter några månader trivdes jag som fisken i vattnet. Elitidrottsgymnasiet var ett perfekt övningstillfälle då jag hamnade i många olika klasser osv. Bland annat så hade vi en matlagningskurs. Den skulle gå på en annan skola och vi skulle laga mat tillsammans. Om du inte förstått det tidigare så har mat alltid varit lite komplicerat för mig. Ofta slog oron till mot magen vilket gjorde att jag mådde lite illa. Detta med matlagning blev en kamp för mig. Jag minns hur jag irrade runt i korridorerna på Agnebergsskolan, som skolan hette, för att hitta till köket. Till slut träffade jag på en av mina klasskamrater från elitidrottsgymnasiet och följde med henne. När jag gick uppför en trappa upp till den översta våningen, minns jag hur jag på något sätt bestämde mig för: Detta ska gå bra! Och det gjorde det, även om det var en kamp för mig. Jag bet ihop, och min oro och ångest släppte. Året efter hade vi en kurs om skador och den skulle jag gå med en annan grupp än de som gick i trean. Jag satt och hade en klump i halsen hela lektionerna men bet ihop även där. UEIG innebar egentligen bara segrar för mig personligen, och jag är väldigt tacksam för de människor jag fick lära känna där.

Under hösten 2018 anställdes jag också av elitidrottsgymnasiet som instruktör och fick då chansen att börja ge tillbaka till den verksamhet som betytt så mycket för mig.

Det finns en liten story jag måste berätta. När vi hade skolavslutning med skolan inför jullovet så skulle en av mina klasskompisar sluta. Vi hade bestämt att käka tillsammans någonstans i stan. Eller snarare, de hade bestämt det och jag sa att jag skulle följa med. Men jag var inte säker. Jag hade aldrig käkat ute med mina nuvarande klasskompisar och var ganska orolig. Men jag minns såväl när jag åkte till skolan den dagen. Jag visste att om jag gick med dem ut hade jag besegrat mina hinder vad gäller mat och att äta ute. Issi, min ungdomskonsulent, kände till att jag tyckte sådant här var jobbigt och hon visste också vilket steg detta skulle innebära för mig. Vi skulle äta på pizzeria Milano som låg väldigt nära skolan. Jag och fyra av mina klasskamrater. På Studieverkstan hade det under mina tidigare tre år aldrig funnits en sådan gemenskap och sammanhållning som det här året, och vi hade lärt känna varandra riktigt bra. Jag gick med och beställde en hamburger-tallrik. Jag kände inte efter, tänkte inte, oroade mig inte. Jag hade helt enkelt bestämt mig för att ta mig igenom det här. Oro och ångest kom aldrig. Jag kände mig trygg och glad. Jag skrattade, njöt och fylldes för varje tugga med självförtroende. Två år tidigare hade det här aldrig varit tänkbart. Jag hade aldrig gått ut och ätit med dem. Men då jag den senaste tiden hade börjat äta med dem i skolan och sakta men säkert börjat trivas med dem, så höll det. När jag hade käkat upp och satt och pratade med de andra, skrev jag ett sms till Issi. Jag skrev "Ett litet steg för människan, ett stort steg för mig" varpå hon svarade "Stooort steg, jag vet..."

Och det var verkligen så det var. Det var ett enormt steg för mig och jag insåg någonstans under min gymnasietid att jag var tvungen att komma över mina personliga hinder. Om jag någon gång skulle kunna jobba på ett vanligt jobb så var det ju bra om jag kunde äta med dem också.

2014 blev ett härligt år och jag trivdes fantastiskt bra i skolan. Jag mådde betydligt bättre under detta år än under de tidigare. Jag gick med på luciatåg med klassen, blev en social mittpunkt i klassen och fick för första gången nära vänner bland mina klasskamrater. Jag började lära känna dem på riktigt och vi började äta regelbundet tillsammans.

Året innan hade vi åkt med familjen, och en annan familj, till Israel på semester. Israelresan var resan där jag fick chansen att pröva mina vingar på riktigt för första gången sen jag gick i terapi. Resan började bra och oron höll sig borta. Vi flög ner och jag minns hur jag ändå såg fram emot resan. Jag hade innan denna resa insett att detta var en grym chans att pröva det jag lärt mig och försöka utmana mig själv. Vi spenderade några dagar på olika ställen och så efter några dagar skulle vi bo i Tiberias. Den andra eftermiddagen i Tiberias började jag känna mig lite konstig. Vi hade badat på ett vattenpalats och sedan åkt till ett ställe där det fanns varma källor. På vägen hem från de varma källorna började jag känna mig hängig och väldigt trött. Senare på kvällen började jag också må illa. Jag låg i min säng på hotellet och försökte tänka bort det. Illamående är, för mig, väldigt starkt förknippat med ångest. Jag blev magsjuk, och kanske var det bra, för jag fick chansen att leva mig igenom min största skräck. Egentligen är jag inte så orolig över magsjuka i sig men ofta har ångesten gjort att jag fått en illamåendekänsla så detta har varit väldigt negativt förknippat för mig. Men den här gången skulle jag vara stark, jag skulle bita ihop och segra. Jag hade vid det här laget lärt mig att enda vägen att vinna mot ångesten, oron och känslorna var att bita ihop och inte låta det ta över. Jag minns hur vi dagen efter skulle lämna hotellet och åka en bra bit genom Israel. Det var väldigt varmt och jag mådde inte alls bra. Jag hade dessutom inte fått i mig någon näring. Men det var något med den här resan som fick mig att kämpa på och bita ihop. Och jag bet ihop, och lyckades. Jag vann mot oddsen och kom hem utan att ha fällt en tår eller att ha drabbats av någon ångest. Detta blev en resa som för mig innebar en stor seger. Jag åt ute, sov på hotell, reste med andra, blev dessutom sjuk och drabbades inte av ångest.

En annan sak som under gymnasietiden verkligen innebar en prövning var mitt körkortstagande. Jag började övningsköra 16 år gammal, så fort jag fick kan man säga. Jag har alltid haft ett stort motorintresse och ville verkligen ta körkort. Utan min verkliga vilja att ta körkortet hade jag aldrig klarat det. Jag tyckte inte körlektionerna var särskilt jobbiga egentligen. Man kör ju ensam med en lärare och jag har aldrig haft svårt att vara ensam med någon. Något som däremot blev en verklig kamp för mig var de teoretiska lektionerna. Vi hade något som kallas för riskettan. En teoretisk lektion där man går igenom de olika riskerna med att köra bil i trafiken.

Körskolan hade bestämda datum där man kunde boka en plats, vilket jag också gjorde. Detta oroade mig mycket. Jag visste att det innebar att jag skulle sitta i ett klassrum med massa andra jag inte kände, och att vi skulle ha grupparbete och fika. Bara detta fick mig att så smått "freaka" ur. Jag hade verkligen inte kontroll över detta vilket skrämde mig. När jag gick in i klassrummet på körskolan var jag ytterst nära panik. Flera gånger under de kommande tre timmarna och fyrtiofem minuterna fick jag titta ner i golvet och andas. Bara tänka på att andas och inte drabbas av panik. Jag fick intala mig själv att det inte skulle hända något och att det inte var någon fara. Jag kämpade verkligen igenom de timmarna. Det var en av de största segrarna jag vunnit då. Jag ville så gärna ta körkort och hade tidigare satt upp en bild tillsammans med min psykolog att jag skulle ta körkort en dag och det drev mig. Jag tog mig igenom lektionen, och var ett steg närmare körkortet. Risktvåan hette den andra, praktiska delen. Det var halkkörning och omkörningslektion. Detta är en av de gånger i mitt liv jag anar att jag haft hjälp från ovan. Jag oroade mig mycket för den här dagen men när jag bokade in mig så visade sig att just denna gång skulle risktvåan vara uppdelad i två delar. Första dagen skulle vi köra halkkörning och andra dagen var det omkörningar. Normalt brukade det ligga på samma dag och man skulle vara borta hela dagen men just när jag bokade in mig var det inte så. Vilket fascinerar mig. Jag tyckte det var jobbigt att vara borta länge: Desto längre tid mina prövningar varade, desto mer ångestladdat var det. Så detta passade mig perfekt. Jag var ändå rätt orolig men jag bet ihop och åkte med till halkkörningen. Och tro det eller ej, men oj vad kul jag hade. Med en konstant klump i halsen, med ett oroligt och ångestfyllt inre, hade jag trots detta fantastiskt kul. Halkan, som den kallas, innebar i princip att man körde runt i en bil som stod på en slags ställning som gjorde att man halka runt helt enkelt. Racing på körskoletid passade mig som handen i handsken. När jag åkte hem från halkkörningen, åkte jag hem med ett stort leende. Dagen efter skulle jag köra omkörningar med samma grupp men vaknade med feber. Och kanske var det bra så, kanske var det alldeles lagom med en rejäl utmaning för mig den veckan. Omkörningslektionen fick jag sedan köra tillsammans med en lärare senare nästa vecka.

I början av juni hade jag min uppkörning men kuggade första försöket. Ett grymt jobbigt bakslag för mig som hade fått kämpa mycket för det här körkortet. Jag fick dessutom vänta två månader på en ny chans. Men då tog jag chansen och fick mitt körkort. När jag tänker på det blir jag nästan tårögd. Mina närmsta vänner gladde sig verkligen med mig. Jag minns när jag ringde Christer och Anne-Marie precis efter jag hade tagit det. Jag kunde se deras ansikten framför mig. De visste vad jag hade gått igenom, och de förstod min lycka. För många innebär körkortet en hel del plugg och en massa övning. För mig innebar det mycket mer. Det var en kamp, ett slagfält och ett krig jag bara skulle vinna till slut. Efter helvetet det stundtals hade varit de senaste åren, så var körkortet ett underbart kvitto på att jag faktiskt kunde, att jag förmådde besegra min oro och ångest.

7 EN ÅNGESTFYLLD BOTTEN

I januari 2015 skulle jag börja en ny kurs, filosofi 1. Jag hade egentligen skjutit fram kursen väldigt länge och ville aldrig gå den. Men tanken var att jag skulle läsa den som individuellt val på torsdagar. Jag skulle läsa den tillsammans med en helt ny grupp vilket oroade mig mycket. Men det var inte allt. En knapp vecka innan jag skulle ha första lektionen fick min rektor en hjärnblödning. Han var bara 47 år gammal och vi var nog lite paralyserade. Jag trodde ändå att han skulle bli okej. När jag kom till skolan på måndagen kom mina lärare med tårar i ögonen. Jag förstod direkt, och de berättade att han hade avlidit. Redan här kände jag hur det blev lite för mycket för mig att hantera. Det kom som en chock och även om jag inte kände min rektor särskilt väl så blev jag tagen av det. Jag kunde inte sluta tänka på hans familj och barn. För att röra till mitt liv ännu mer så skulle jag nästa helg sjunga på ett bröllop. Några av mina närmaste vänner skulle gifta sig och jag skulle sjunga kvartett på vigseln. Det var som om mitt huvud sprängdes. Så mycket känslor och tankar. Jag kunde inte riktigt hantera det. På torsdagen spenderade jag den största delen av dagen med Issi. Jag pratade med henne och hon visste hur jag kände. Varken hon eller jag trodde nog att jag skulle gå på filosofin, men vi bestämde oss för

att träffa läraren innan och prata med honom.
Tillsammans gick vi till Agneberg och träffade läraren,
Issi berättade hur jag kände och jag mådde verkligen inte
bra under den här tiden. Jag hade konstant ångest och
hade så mycket tankar och känslor i huvudet. Det hade
varit några tuffa veckor. Jag kände att jag höll på att
tappa greppet om allt runt omkring mig. Vi satt i ett litet
rum på Agneberg och pratade med läraren. Redan där
hade jag i princip bestämt mig för att inte gå på
lektionen, det var för jobbigt. Efter vi pratat så kom vi
fram till, att om det kändes okej kunde jag gå bort dit och
bara sätta mig innanför dörren, och om det blev för
jobbigt kunde jag när som helst gå ut. Jag gick och åt
lunch. Jag hade en lektion till innan jag skulle gå bort.
Jag satt hela lunchen och hela lektionen och tänkte. Sen
slog det mig: Min rektor hade fixat kursen åt mig, då
kursen inte fanns under Studieverkstan, så han hade
köpt den av en annan skola. Jag bestämde mig där och
då att gå. För hans skull, hade han lagt tid på mig, så var
det de minsta jag kunde göra.

Issi gick med mig till Margretegärdeskolan där lektionen
skulle vara. Jag hade bestämt mig, en lektion, det var det
minsta jag kunde göra. Om jag inte hade gått hade jag
aldrig kunnat säga att jag hade försökt. Jag gick in i
lektionssalen och satte mig längst fram, närmast dörren.
Jag satt där, tyst, hela lektionen. När vi hade slutat gick

jag ut, tog tåget hem och åt. Sen bar det av in till Uddevalla igen för träning. Jag var helt känslodöd, jag mådde riktigt dåligt. Helt fylld av ångest och utan matlust. Jag har nog aldrig sprungit så dåligt som på det passet. Jag mådde konstant skit och kunde inte äta när jag kom hem. Jag insåg att nu hade friidrotten drabbats, vilket den aldrig tidigare hade gjort. Helt plötsligt hade jag mått dåligt när jag gjorde det jag älskade. Jag har alltid sett friidrotten som min fristad, ett ställe där jag aldrig mått dåligt. Helt plötsligt hade jag tagit mitt mående in i min fristad. Under dessa veckor, som det till slut blev, bröt jag ihop varje dag. Efter två år av nästan konstant välmående mådde jag plötsligt riktigt dåligt. Jag började gå till kuratorn och försökte släppa så mycket som möjligt. Jag satt hos Issi och pratade säkert ett tiotal lektioner totalt. Jag var trött på livet, ville bara försvinna från allt. Den helgen hade vi svensexa för han som skulle gifta sig nästa helg. Det var enda gången under den veckan jag kan säga att jag mådde bra. Det var en otrolig befrielse att känna att jag kunde må bra. Dagen efter var det tillbaka på ruta ett och på måndagen pratade jag med Issi igen. Det hade gått för långt. Min rektors bortgång, bröllop och filosofin blev mer än jag kunde hantera. Jag och Issi beslutade att jag skulle hoppa över filosofin, helt enkelt hoppa av den. Men den här gången hjälpte det inte. På tisdagen bröt jag ihop fullständigt, jag klarade inte stå emot ångesten och jag låg och grät i min säng.

Jag insåg att jag aldrig skulle klara av att sjunga på mina vänners bröllop. Och tro mig, jag hade verkligen sett fram emot det, jag menar, det var verkligen en ära att de ville att jag skulle sjunga, men det finns gränser på vad man utsätter sig för. Hade det varit en månad tidigare hade jag sjungit, men jag kunde inte få bort ångesten, och det enda jag ville var att må bra. 19 år gammal bad jag, i tårar, min mamma att ringa dem och berätta att jag inte kunde. Jag kände mig hemsk, jag var livrädd för vad alla skulle tro och tycka. Det stod redan mitt namn på vigselhäftet och jag kände mig verkligen som en svikare. Den kvällen skulle jag träna igen i Uddevalla. Jag låg i min säng tills jag verkligen var tvungen att åka om jag skulle träna. Jag ville inte men jag insåg att om jag förlorar friidrotten i ångestens grepp, skulle jag förlora det viktigaste jag hade. Jag åkte in och jag gjorde ett av mina bästa pass i livet. När jag sprang, sprang jag för mitt liv, för mitt mående, jag sprang för att få må bra igen. Jag minns hur jag bet ihop mina käkar allt vad jag orkade, jag tror jag sprang med knutna nävar. Jag höll på att börja lipa under passet. Jag gjorde friidrotten till min borg. Ångesten skulle inte få vinna där, så var det bara. När jag kom hem hade jag fortfarande svårt att få i mig mat. Så var det i någon vecka. Men friidrotten var min borg, det skulle den alltid få vara!

På onsdagen var det minnesstund för vår rektor på skolan och jag, Issi, lärarna och en annan elev från Studieverkstan gick dit. Jag tände ett ljus, skänkte en tanke och bad en bön innan vi gick tillbaka. Under dessa veckor blev det än tydligare för mig hur mycket Issi betydde för mig. Det var som att hon bar mig under de här veckorna. Under de kommande veckorna började jag också tänka en del på studenten. Jag såg inte alls fram emot det. Jag var livrädd för att lämna Studieverkstan, lämna Issi och lämna min trygghet. Det blev liksom ännu en ångestfylld tanke.

Helgen kom och jag skulle gå på bröllopet, det gjorde ont. Jag satt längst bak i kyrkan och kände faktiskt en hel del skam. Efter vigseln kom en person fram till mig och frågade varför jag inte sjöng:

-   Ballade du ur eller?

Det gjorde ont, riktigt ont. Jag kunde inte svara, jag orkade verkligen inte svara. Personen hade ingen aning om vad jag hade gått igenom och trodde bara jag hade fegat ur. Det sista jag ville höra var att jag hade fegat ur. Jag behövde folk runt mig som förstod. Jag behövde folk som supportade och som sa att det skulle bli okej igen. Ibland vill man bara höra att allt kommer bli bra igen. Inte massa frågor, bara en kram och någon som tröstar.

Dagen efter var det söndag och jag mådde återigen dåligt. Men jag tänkte på det min kurator sagt, att jag skulle göra det som fick mig att må bra. Jag kollade på serier, filmer, fotboll och spelade på min gitarr. Ibland när man mår skit är det vad som behövs. Att låta sig drunkna i en serie eller bakom pianot kan vara precis det som behövs för att ångesten skall dämpas. Jag säger inte att det löste mina problem men det gav mig en stund av lite skratt och en stund där jag kunde må bra igen. Helgen efter bröllopet skulle jag och min brorsa Josef åka till London och kolla på fotboll. Jag hade lagt nästan 5000 kronor på bara matchbiljetterna. Jag såg verkligen fram emot detta, även om jag inte mådde särskilt bra så var det verkligen något jag ville göra. Vi skulle se Chelsea mot Manchester City på Stamford Bridge i London och det var verkligen en riktig höjdarmatch. När jag verkligen vill något kan jag ta mig långt på min vilja. Men så dagen innan vi skulle åka fick jag ett mail där det stod att vi inte skulle få våra biljetter. Företaget sa att de skulle göra allt de kunde för att hitta nya biljetter till oss och skulle ge oss besked på fredagen klockan fyra.

Strax innan fyra fick jag ett mail, inga biljetter. Helt plötsligt rann viljan av mig. Jag hade drömt om den här matchen i ett år och verkligen sett fram emot den och nu försvann den bara så där. Brorsan ville verkligen åka ändå men jag fylldes återigen av ångest. Jag orkade inte kämpa emot. Jag kunde inte förstå varför något sådant kunde hända, inte nu. De senaste veckorna hade varit ett helvete och jag orkade verkligen inte en sak till. Jag bröt ihop och ställde in resan. Jag hade nått botten. Jag skrev ett sms till Issi den kvällen, i förtvivlan, varpå hon ännu en gång svarade på sitt varma sätt. Hon fick mig att se en liten gnutta ljus, en liten gnutta hopp.

De här veckorna var några av de värsta i mitt liv. Men med hjälp av Issi, min familj och kuratorn tog jag mig igenom det här. Life goes on, sägs det. Bara en vecka efter dessa helvetesveckor sprang jag 200 meter på en tävling i Göteborg. Jag behövde verkligen att det skulle gå bra. Jag hade haft så mycket motgång och så jobbiga veckor att jag verkligen kunde behöva att det gick bra. Jag sprang bra, mycket bra. Jag tog personbästa med nästan en halv sekund, vilket är mycket på 200 meter. Jag skrek av glädje när tiden visades på tavlan. Det var så skönt att äntligen få känna lite vind i ryggen. Det betydde verkligen mycket för mig. Än en gång var det Issi och några av mina andra vänner som var gladast för min skull. De som känner mig har nog förstått glädjen jag känner när det går bra på löparbanan.

Den våren flög förbi och studenten kom i ilfart. Jag firade med två gamla klasskamrater och hade fullt hus hela kvällen, en på många sätt fin vår där jag ändå upplevde att jag mådde bra. Kanske berodde det på att skolan inte riktigt var slut för min del. De allra flesta går ur gymnasiet med känslan av att "äntligen är jag fri". Glädjen över att ta studenten överväger oftast smärtan av att lämna klasskompisar och personal bakom sig. Men så var det inte riktigt för mig. Jag tog studenten 2015 men hade kvar två kurser som jag läste på deltid under hösten 2015 och våren 2016. Och detta var något jag, mer eller mindre, hade valt själv. Jag ville ha kvar något efter studenten, just för att härda ut den ångest och oro jag kände över att lämna skolan bakom mig.

Det jag nu ska berätta hände i början av sommaren 2016, året efter studenten. Det var den 7 juni, och det kommer alltid vara en dag jag kommer komma ihåg. Den har etsat sig fast i mitt minne på ett mycket speciellt sätt, eftersom det var en mycket speciell dag. Men jag ska börja från början. Jag hade sedan någon vecka tillbaka gjort klart sista kursen på gymnasiet och för mig innebar detta en avskedsångest och en sorg som nog var lite mer än andra oftast känner.

2011 började jag ju gymnasiet och som ni nu vet så var det i början ett helvete men under de sista åren blev det ju faktiskt riktigt bra. Kanske var det också därför den 7 juni blev en så speciell dag. Jag hade gått igenom så mycket med den personal som jobbade på skolan och mina lärare, kuratorer, studievägledare och framförallt

Issi hade sett mig må så dåligt men också må fantastiskt bra.

Den 7 juni var en tisdag. Jag hade sedan måndagen jobbat med en friidrottsskola för barn som vi höll på Rimnersvallen. Jag började vid niotiden och höll på till tolv ungefär. Efter detta började, en för mig, mycket känslosam dag. Jag lämnade Rimnersvallen för att åka till Blomsterlandet. Efter allt vi hade gått igenom tillsammans, ja de var faktiskt så det var till stor del, så ville jag ge ett symboliskt tack till mina lärare och till Issi. Även om en blomma aldrig kan säga tack på rätt sätt så kändes det som en fin gest och ett tack som de kanske kan ha lite glädje av en tid. Jag minns hur jag med tungt hjärta gick in på Blomsterlandet och valde, med omsorg, ut några lämpliga blommor. Inget fancy, men de skulle i alla fall inte vara vissna. När jag satt i bilen andades jag ut. Jag tänkte efter, vad ska jag säga? Räcker ett tack, orkar jag säga något mer. Sen kom det för mig, jag behövde inte hålla något känslosamt tal. De visste redan vad jag tyckte om dem och hur jag kände. Blomman fick bli en symbol för detta. Det har nog inte undgått någon att den personal jag hade, var alldeles fantastisk. Jag körde ner mot skolan och parkerade, kanske för sista gången, utanför Sinclair. Jag gick ner för den lilla backen, tittade på den otvättade betongväggen med klottret på och kände att detta blev allt jobbigare. Här hade jag gått nu i nästan fem år och idag skulle det ta slut. Issi kom ut och öppnade dörren, jag hade famnen full av blommor. Väl inne så minns jag faktiskt inte så mycket. Jag pratade lite med David och Camilla, två av mina lärare. Jag satt och pratade med Issi och hennes döttrar som också var där. Men något avsked ville jag inte ta. Det var liksom inte så jag ville minnas mina lärare, med ett hejdå. På något märkligt sätt hade min relation till lärarna här blivit bra mycket starkare än relationer mellan lärare och elever normalt blir och att säga adjö kändes liksom lite fel. Issi behövde jag ju inte säga hejdå till då vi sågs i andra sammanhang titt som tätt. Mina lärare önskade jag en trevlig sommar och sen gick jag, Issi och hennes döttrar till Margretegärdeskolan, där min engelskalärare Sanna var och höll en lektion. Vi knackade på och jag gick in, gav henne en blomma och fick på engelska förklara för de andra eleverna vad jag gjorde där. De applåderade min handling varpå jag med ett leende lämnade lektionssalen.

Sen gick vi tillbaka mot Sinclair, jag sa, på återseende till Issi och tjejerna och åkte hem. Någon tår föll ner längs kinderna när jag satt i bilen. Men det var inte enbart sorgetårar, de var tårar av känslor.
Klockan var strax innan fyra när jag satte mig vid köksbordet för att äta min gröt och några mackor.
Klockan sju skulle jag springa 400m på DM i Uddevalla

och försvara mitt DM-guld från året innan. Egentligen var inte bedriften så stor. Jag var sekunder bättre än den näst bästa i distriktet men det är alltid speciellt att vara favorit i ett lopp. Man kan liksom nästan bara misslyckas, att vinna är ju inte någon större bedrift vilket gör att rädslan för att misslyckas blir lite större. Jag var osäker på formen, efter en svag säsongsdebut i Skara var jag tveksam till hur bra jag egentligen var detta året. Jag hade börjar tvivla lite på min satsning och om jag lagt upp träningen fel.

På plats denna tisdagskväll var Issi, Fredrik och tjejerna. Där var barnen från min egen grupp, flera föräldrar, ledare från hela Bohusläns friidrott och många aktiva. 400m bjöd på förhållandevis många deltagare. Åtta herrar stod redo att försöka ta hem en medalj eller slå ett personbästa. Så även jag. Startskotten gick och iväg bar det. Min bror hade fått banan utanför vilket var alldeles utmärkt för då fick jag lite draghjälp. Vid 200m låg jag fortfarande bakom brorsan och hann tänka att detta går ju inte bra. Men in i kurvan så drog jag förbi honom och övriga löpare och in på upploppet var det en jakt mot en tid som jag drömt om i flera år. Egentligen utan att jag visste att jag denna dag jagade tiden. Drömgränsen på 400m är att springa fortare än 50 sekunder, det är väl egentligen först då man kan kalla sig 400m-löpare. Och de senaste 2 åren hade många snackat med mig om den där gränsen, sagt att snart kommer det eller att du är nära nu osv...

Jag har nog aldrig sprungit 400m på det sättet som jag nu gjorde, med en försiktig öppning och en dundrande avslutning. Över mållinjen for jag och det första som Christian säger är: "nu kan du vara under 50." Detta lopp och händelserna efteråt kommer jag aldrig göra rättvisa i textform. Issi filmade hela loppet och även händelserna som utspelade sig efteråt. Jag nöjer mig med att skriva att jag sprang under 50 sekunder för första gången. 49.98, samma dag som jag slutade skolan.

Jag hade nog inte kunnat skriva en bättre saga. Det var så tydligt, när en era tar slut, börjar en annan.

8 JAG SPRANG IFRÅN ORON

Friidrotten är självterapi för mig. När jag började vid 16 års ålder blev träning och gemenskap räddningen. Det blev ett bra sätt att släppa allt det jobbiga och komma ifrån verkligheten en stund, eller kanske snarare hantera verkligheten. Föreningen som jag idag tävlar, jobbar och brinner för är Hälle IF och utan Hälle skulle jag aldrig mått så bra som jag mår idag. Det jag nu ska berätta är några glimtar från olika tidpunkter i mitt liv som på olika sätt varit avgörande för mitt mående och min framtid.

I december 2012 sprang jag ett lopp i Göteborg. Det var 400 meter på en tävling som hette Göteborgs inomhus. Mitt personbästa innan tävlingen var 53.52 och jag var orutinerad på distansen. Innan loppet kom en man fram, som jag bara hade träffat en gång tidigare. Det var en känd friidrottstränare som också tillhörde föreningen. Han hette Ulf Friberg, var landslagstränare och en erkänt väldigt duktig tränare. Varje år hade han också hand om klubbens lag till Holmenkollstafetten, världens största gatustafett. Med över 2000 lag och totalt ca 30 000 deltagare fylls Oslos gator av löpare i maj varje år. Alla lag springer 16 sträckor. Den kortaste är 390 meter och den längsta 2,8 kilometer. Hälle har varit med flera gånger och även varit på pallen några gånger. Ulf hälsade och sa att om jag sprang bra idag så kunde jag vara aktuell för Holmenkollstafetten. Jag taggade till och drog direkt till med att jag skulle springa på en tid under 52 sekunder och 36 hundradelar, vilket var tiden som krävdes för att vara topp 10 i P18 i klubben genom tiderna. Jag skulle bli tvungen att ta personbästa med drygt 1 sekund. Men jag hade bestämt mig, Holmenkollstafetten var en stor tävling och en tradition i Hälle. Mina bröder hade varit med och det var väldigt mycket folk som tittade, TV-sändning och mycket uppmärksamhet runt tävlingen.

Jag sprang bra den gången i Göteborg, persade med drygt en sekund ner till 52.33, tre hundradelar under tiden som krävdes för Hälles tio i topp i 18-årsklassen.

I april kom så ett mail från Ulf där det stod att jag var uttagen till ett testlopp inför Holmenkollstafetten och det blev tillslut två testlopp. Det andra över 600 meter där jag sprang riktigt snabbt. I början på maj fick jag beskedet, jag var uttagen och skulle den 10 maj åka till Oslo. Detta var något helt nytt för mig. Visst, det var bara Norge men det var utomlands, gemensam resa och övernattning i Oslo. Hade det varit ett år tidigare hade jag aldrig åkt men nu var det annorlunda. Jag visste vilken upplevelse det kunde bli och jag ville inte missa det. Jag hade aldrig sprungit i direktsänd TV innan och jag hade aldrig varit med i en så stor tävling. Jag tog chansen, åkte med, kämpade ner ångesten och bet ihop. Detta var något jag väldigt sällan gjort tidigare, och jag tror att detta förändrade mitt liv för alltid. Jag ville det så mycket, det var en drömchans och jag visste att smiter jag nu, kommer jag aldrig kunna tävla på stora tävlingar eller utomlands. En sådan chans hade jag drömt om, både mardrömmar och vanliga drömmar. Det var chansen att framför allt bevisa för mig själv att jag kunde. När jag vaknade på hotellet i Norge på lördagsmorgonen så visste jag: Det här kommer bli grymt! Jag minns hur jag och mina brorsor, som också var uttagna, gick ner till frukost. Jag kände mig som en stjärna, vilket kanske låter lite löjligt. Vi hade åkt i en buss upp tillsammans, bott på hotell och när vi kom fram till Oslo centrum på lördag förmiddag och gick runt där i klubbens träningsoveraller så tittade folk på oss med respekt, det var i alla fall så det kändes. Och det var egentligen inte så konstigt. Hälle hade tidigare ett tiotal topp 3-placeringar, aldrig någon vinst men flera topplaceringar. Och detta visste givetvis folk som var där. Jag skulle springa den 3:e sträckan. Den var 620 meter lång och gick på asfalt. Jag minns hur Ulf sa när vi åkte runt banan kvällen innan: "Åberg, de första 400 metrarna går ganska lätt, men sen kommer ett krön och en backe, se till att du har krafter kvar där, för där kommer många gå in i väggen". Jag värmde upp och min dåvarande tränare och klubbens ordförande, Christian Persson, hade kommit upp på lördagen och stod vid min sträcka. Jag var inte särskilt nervös. Trots att det var mycket folk runt omkring så kände jag mig lugn. Inombords var jag bubblande och lycklig. Jag hade redan vunnit och visste själv vilket steg detta var för mig. Det visste nog Christian och mina föräldrar också, samtidigt som det för de andra "bara" var en stor tävling.

När jag stod i växlingszonen och väntade på Fredrik, han som sprang sträckan innan mig, kände jag mig supertaggad. Christian stod 100 meter innan växlingszonen och skulle vinka när han såg Fredrik. Jag tittade på honom, såg hur första löparen dök upp i backen, sen såg jag hur Christian vinkade, då visste jag, nu är det dags.

Stafett är speciellt, misslyckas man, så finns risken att hela laget misslyckas, så jag kände lite press men jag var ganska bestämd. Jag kände mig lätt i hela kroppen, jag hade haft ett av de bästa dygnen i mitt liv och var tokladdad. Fredrik dök upp och sprang mot mig. Jag vinkade och skrek så han skulle se mig. Det stod ju trots allt 20 andra killar och väntade bredvid mig. När jag tog pinnen så tänkte jag på det Ulf hade sagt. Jag löpte smart, blev efter 370 meter i kappsprungen av två andra lag men då svarade jag. Krönet och backen kom, jag pressade mig förbi de andra och i slutet på backen stumnade de fullständigt. Jag fortsatte trycka på i den lilla sluttningen som nu följde och växlade över till killen som skulle springa nästa sträcka. Helt perfekt disponerat. Jag fick efteråt reda på att jag hade fjärde snabbaste tiden på min sträcka. Jag fick pinnen som fyra och lämnade över den som fyra, mission accomplished. Hälle gick sedan upp i ledning och höll den tills näst sista sträckan där två norska lag passerade. Vi blev trea. Några av de andra var lite besvikna men jag var överlycklig. Det kändes som jag hade vunnit VM-guld. Jag minns så väl när vi klev upp på den där prispallen inne på Bislettstadion i Oslo, stafetten både startade och hade målet där. Jag var så stolt, så lycklig. Jag hade vunnit mot mina inre rädslor. Jag hade haft de bästa två dagarna i mitt liv och jag hade dessutom sprungit riktigt bra. Ulf skrev senare på sin hemsida följande om mig: "Hälle var nu uppe på fjärde plats med bra kontakt till lagen framför. En bra start av stafetten är alltid viktig, så man inte får jaga för hårt för tidigt! Debutanten Benjamin Åberg gjorde sedan en riktigt bra sträcka och klockades på 1.26 på de 600 metrarna han sprang."

För mig var detta grymt för självförtroendet. Jag behövde höra av någon som var duktig, att jag var duktig. Jag sög upp detta som en tvättsvamp. I efterhand har jag nog än mer förstått, vad denna resa betydde för mig och hur mycket självförtroende jag fick av resan. Min vilja att vinna var större än rädslan att förlora.

Stockholm den 20 augusti 2013. Solen gick sakta ner över Stockholm stadion och jag tittade ut över löparbanorna. La Shawn Merrit dundrade i sedvanlig ordning förbi och publiken hejade på så gott de kunde. Jag stod som i en bubbla. Asbel Kiprop stod två meter bakom mig och pratade med en annan världslöpare. Christian Olsson och några andra landslagsmeriterade friidrottare gick runt bakom mig och lite längre bort stod världssettan i häcklöpning, David Oliver. Jag tror inte jag än idag har fattat riktigt vad jag gjorde där, mitt bland dessa världskändisar. Mitt ibland dem som jag själv suttit framför TV:n och skrikit fram. Men jag ska börja från början.

Mina bröder och jag har alla hållit på med friidrott och 2013 var första året vi alla tre var aktiva tillsammans. Vi hade tävlat mycket den sommaren och min bror Josef kom på iden att försöka få in oss på Diamond League tävlingen DN-galan i Stockholm. Så han mailade arrangören, skrev våra personbästa och vi fick svar att vi skulle få springa förtävlingarna till själva huvudgalan. Josef skulle springa de nationella B-heatet på 200 meter, Tobias det nationella A-heatet på 400 meter och jag ett "talang"-heat på 400 meter. I mitt lopp skulle det bara vara löpare födda 95-96. När jag fick reda på detta blev jag givetvis taggad. Denna sommar hade redan varit fantastisk och jag hade ju bland annat sprungit

Holmenkollstafetten tidigare på våren. Mina bröder och jag packade våra väskor och satte oss i bilen som tog oss emot Stockholm. Och jag hade lite av samma känsla som jag hade i Etiopien. För mig var detta stort, det kändes som en "chance of a lifetime". När vi parkerade utanför stadion hade jag fyrtio minuter på mig innan jag skulle sitta i callroom, som det heter. Det är där man samlas innan loppen och kontrollanter kollar reklamtryck, längden på spikarna i spikskorna och man får även lämna ifrån sig mobil, träningskläder och lite annat där. Jag minns att när jag värmde upp kände jag mig rätt lugn, men det brukar jag göra under uppvärmningen. Jag värmde upp tillsammans med Tobias, han skulle springa femton minuter efter mig. När jag kom till callroom började jag bli riktigt nervös. Vi satt i ett litet bås, jag och sju andra löpare. Några av de främsta i Sverige satt där men även en från USA och en från Danmark tror jag. Jag började må illa och den där panikkänslan kom. Jag tänkte: Ska jag springa och spy? Men så hälsade amerikanen på mig. Jag hälsade tillbaka och han började fråga vad jag hade sprungit på den sommaren. Jag sa att jag hade gjort 52.28 och han skrattade nog lite för sig själv. Han hade sprungit på 47 sekunder. Då insåg jag vilken tur jag hade som var här. Jag var rankad sämst av alla och några av dem var betydligt bättre än mig. Jag log lite och insåg att panikkänslan och illamåendet hade släppt. Vi gick bort och satte oss i ett litet tält precis innan där man går in på banan. Jag kunde se att det redan nu började bli fullt på läktarna och jag hörde hur speakern ropade ut i högtalarna. Det var en härlig sommarkväll och dryga 20 grader i luften. En kvinna med blå väst sa att det var dags för inmarsch. Jag hade fått bana åtta, alltså ytterbanan. Jag förstod att jag skulle få göra mitt eget race, dels för att de andra var bättre men också för att jag hade ytterbanan så jag skulle inte kunna jaga någon i början. Vi gick in på ett fint led och alla gick till sina respektive startblock. Vi började mäta ut och ställa in blocken. Jag körde en teststart och det var allt jag hann innan startern visslade i pipan. Jag gick bort, ställde mig bakom blocket, drog av överdragströjan och tog en klunk vatten. Då hände det dittills häftigaste som hänt mig i min löparkarriär. Speakern började presentera varje löpare med nationalitet, klubb, personbästa och namnen dånade ut i högtalarna. Två kameramän stod framför varje löpare och allt gick direkt upp på storbildsskärmen. Publiken applådera efter varje presentation och snart var det min tur.

"Ifrån Sverige och Hälle IF med ett personbästa på 52.28, BENJAMIN ÅBERG": ropades det ut i högtalarna. Jag rös. Jag tittade först i kameran framför mig innan jag kom på att jag ville se mig själv varpå jag tittade upp på storbildsskärmen. Det slog mig ganska snabbt att där kan jag inte titta för detta sändes ju på SVT. Genast tittade jag tillbaka in i kameran och vinkade mot publiken.

Startern ropade "på era platser" och jag satte mig ner i mitt startblock. Jag tog ett djupt andetag, fyllde upp mina lungor med självförtroende och väntade på starten. När startskottet gick sprang jag som aldrig förr. Jag gick ut hårt, publiken hejade på längs långsidan och jag märkte inte ens att jag blev ikapp sprungen av några andra. När jag gick in på upploppet kände jag hur publiken verkligen pushade mig framåt. Jag gick i mål som sexa och jag var helt säker på att jag hade persat. Det hade jag också. 51.55 och personbästa med en knapp sekund. Killen som vann hade 50.11. Jag hade inte bara persat utan också slagit min storebror Josefs personbästa med två tiondelar. Detta var stort för mig. Nu var jag förbi ena brorsan, bara en kvar.

Den här resan blev den första av en lång rad tävlingar runt om i Sverige. Jag insåg under denna resa att jag klarade av att åka iväg till Stockholm, även om det var med mina bröder, hålla oron i schakt och dessutom springa bra. Detta gav mig väldigt mycket självförtroende.

Efter att ha sprungit bra uppe i Stockholm på DN-galan beslutade jag mig för att även göra senior-SM debut. SM skulle gå av stapeln i Borås och det kändes som ett bra tillfälle att samla på sig lite erfarenhet från ett större mästerskap. Jag och min äldre bror Tobias åkte till

Borås. Både han och jag skulle springa 400 meter och jag var ganska nervös. Jag visste att jag inte skulle ha någon möjlighet att ta mig vidare från försöken men var spänd, detta var ju ändå SM. För att du ska förstå hur stort detta var för mig så ska jag förklara.

När jag var liten var Johan Wissman min stora förebild. Han var löpare och en meriterad sådan. Han har bland annat vunnit flera EM-medaljer och har dessutom mängder med SM-medaljer. Jag fick en gång ett kort med en bild på honom. Han hade skrivit sin autograf på den och jag hade haft det kortet på väggen sedan dess. Och ibland satt jag där hemma och tittade på det kortet och drömde mig iväg. Drömde om att få springa de stora tävlingarna.

När jag hade värmt upp klart gick jag bort till callroom. Och vem står där, om inte Johan Wissman! Jag tittade med stora ögon på honom, och blev inte direkt mindre nervös. Jag snackade lite med en kompis som också skulle springa och försökte få bort nerverna ur kroppen. Funktionären som stod där började nu ropa upp heaten. Jag skulle springa i det tredje heatet. På bana tre. Bana fyra hade Johan Wissman. När jag gick ut ur den lilla tunneln och in på arenan så gick jag med ett stort leende. Alla nerver hade försvunnit och jag njöt, jag njöt som jag aldrig hade njutit förut. Jag mot Wissman. På ett sätt var det löjligt, det var stor skillnad mellan mig och honom, men jag var där. Jag skulle möta min idol och det var ett steg på vägen. Från att sitta i pojkrummet och drömma till att stå på samma löparbana, på samma villkor. Det var häftigt, och kanske för en stund inbillade jag mig själv att jag var något, men den känslan försvann så fort startskottet hade gått. Jag såg i ögonvrån hur Wissman bara for iväg. Jag fokuserade på mitt, kom sist i heatet men gjorde ändå en ganska bra tid och var bara några hundradelar från personbästa. När jag sprang över mållinjen stod han där. Jag gick fram och gjorde som man alltid gör efter ett lopp, skakar hand och säger bra jobbat eller likande. Då förstod jag på något sätt att skillnaden mellan mitt pojkrum och ett lopp på SM inte var så stor som jag trott. Med vilja kan ta sig vart man än vill. Denna helg blev en påminnelse för mig om att om man bara kämpar kan man ta sig var som helst och framför allt, hur långt som helst. Och på den vägen har det fortsatt.

Under 2016 började jag träna med Ulf Friberg, han som 2013 tog ut mig till Holmenkollstafetten och som under åren tränat fram löpare i klubben som Mustafa Mohamed, Meraf Bahta och Linn Nilsson. Bara tanken på att han ville träna mig gjorde mig i början extremt stolt. Första säsongen under Ulfs ledning blev knackig, jag hade lagt om träningen och inriktat mig mer mot 800m och fick en del skador av den ökade träningsmängden.

Men under 2017 började jag träna allt mer regelbundet i Göteborg, där Ulfs grupp höll till, och fick även program från Ulf. Trots lite småskador så kom denna sommar lite mer respektabla resultat. I augusti sprang jag för första gången under 1.55 på 800m och under hösten som följde gick träningen för första gången riktigt bra. Inför utesäsongen 2018 kände jag att nu kan det verkligen gå fort, träningen hade gått bra under våren och på ett träningsläger på Mallorca i maj hade jag gjort flera grymma pass. I första loppet den säsongen sprang jag på 1.54.66, nytt pers med någon tiondel men jag kände där och då att det fanns mycket kvar att plocka ut. Några veckor senare dök chansen upp. På Stenkullens IP i Lerum, i regn och blåst hade man fått till ett bra heat på 800m med hare och hyfsat motstånd. Trots dåliga yttre förutsättningar kände jag mig laddad och trodde verkligen på ett personbästa, och kanske även ett familjerekord. Jag hade knappa sekunden kvar till Tobbes familjebästa på 1.53.80 och hade under flera säsonger varit på jakt efter det rekordet. Att det skulle komma en regnig sommarkväll i Lerum var kanske mindre väntat. Loppet blev ett perfekt lopp. Jag fick springa med i rygg på haren och en annan duktig löpare och när haren klev åt sidan tryckte jag mig upp i ledning och drog ifrån de andra löparna. I mål stannande klockan på 1.52.02, personbästa med drygt 2,5 sekund och familjerekord med mer än 1,5 sekund. Efter flera år på jakt efter det där rekordet fick jag nu inte bara ett familjerekord utan också ett ordentligt genombrott. När jag såg tiden sjönk jag ihop och började gråta. Det var som att en sten föll av mig. Jag hade inte bara bevisat för mig själv utan denna gång även för alla andra att jag faktiskt kunde och att vilja kan ta oss längre än vad andra tror. Detta blev startskottet på en fin sommar med flera lopp runt 1.52–1.53. Tyvärr utan någon riktig fullträff efter loppet i Lerum, kanske rann musten ur mig lite där och då. Målet med sommaren var att slå familjerekordet och när det väl var slaget fanns inte riktigt hungern kvar. Men sommarsäsongen 2018 blev startskottet på något större.

Inför inomhussäsongen den kommande vintern märkte jag plötsligt att de andra hade lite respekt för mig på tävlingar. Folk visste vem jag var och jag började nog ses som ett hot även i lite större lopp. I slutet av januari 2019 arrangerades en tävling i Göteborg där jag fick chansen i en tuff A-final. Samtliga löpare i heatet hade bättre personbästa än mig och det var snack om att någon skulle försöka klara EM-kvalgränsen i vårt lopp. Jag hade fått order innan från Ulf att, som han brukar säga, "ta skalper", alltså slå så många som möjligt och våga lite. Jag stod på startlinjen och kände mig trygg, bekväm och att jag verkligen skulle kunna slå flera av de andra löparna. Startskottet gick och jag öppnade lite försiktigt.

Jag låg näst sist men med kontakt framåt. Där låg jag kvar tills det bara var 120m kvar, då attackerade jag och insåg plötsligt att jag hade mycket krafter kvar. Jag flöt förbi hela fältet och sprang in på upploppet i ledning. Lite chockad över att jag höll på att slå halva sverigeeliten glömde jag nästan bort att springa och blev så när ikapp sprungen innan mållinjen. Jag vann loppet med en hundradels marginal, men jag vann! Och vilken seger det var. Helt plötsligt var jag sverigeetta och hade slagit killar med personbästa på 1.48, landslagsmeriterade löpare. För första gången i livet njöt jag på riktigt av att tävla. Känslan av att vara i fantastisk form och att kunna stå på startlinjen och verkligen tycka att det är roligt att vara där, den är obeskrivlig. Loppet i Göteborg följdes upp av en tävling i Sätra där jag blev bäste svensk och dagen efter fick jag ett överraskande men väldigt roligt besked. Jag var uttagen att representera Sverige i Nordenkampen. En landskamp mellan Sverige, Norge, Finland och Danmark/Island. Tävlingen skulle gå redan helgen efter Sätra och de två bästa från varje nation skulle mötas i varje gren. Jag var uttagen på 800m tillsammans med Rickard Gunnarsson, en kille jag mött många gånger under åren.

På tisdagen levde jag som i trans. Onsdagen likaså. Men under torsdagen och fredagen började jag förstå. Ända sen jag började hade jag drömt om landslaget, det gör nog alla som någon gång hållit på med idrott. Alla som någon gång valt att göra en elitsatsning och valt att lägga så mycket energi och kraft på något. Jag skulle springa för mitt land, representera Sverige i min sport. En makalös känsla. Nordenkampen är inte OS, VM eller EM, det var jag fullt medveten om. Men det spelade mindre roll. Jag var stolt så jag höll på att spricka. Det var som att leva i en dröm, livrädd för att vakna upp och inse att det var just det de var. Men vissa drömmar blir verklighet och denna dröm var en av dem. På lördag morgon körde Josef ner mig till Göteborg, vi skulle åka buss därifrån. Jag satt i bilen och hade ont i magen. Jag vet inte om det var nerver som spökade, eller om det var något annat. Men jag ignorerade det. Jag klev på bussen den dagen med känslan av att jag kunde åstadkomma allt. Efter hur mitt liv har varit, med alla turer under gymnasietiden, alla gånger jag legat i sängen och helt tom gråtit mig till söms så kände jag att jag äntligen hade självförtroende och ett genuint sådant. Inte i första hand baserat just på landslagsuttagningen eller de senaste veckornas resultat utan snarare just för den, ganska oväntade och otroliga, resa som mitt liv hade tagit. Från att knappt kunna sitta i ett klassrum under gymnasietiden och verkligen må dåligt till att sitta i en buss full med landslagsaktiva och stjärnor på väg till min första landskamp. Den insikten gav lite perspektiv. Jag minns hur jag satt och tittade på de andra som satt i bussen och försökte intala mig att jag faktiskt var en av dem. Det förstod jag inte. Jag kände mig som om jag satt och kollade på en väldigt välgjord 3D-film. Där satt aktiva med EM-medaljer, med meriter från VM och OS, och så lilla jag. Lilla Benjamin från Ljungskile.

Väl framme på hotellet i Norge gick vi till ett rum där alla kläder fanns. Jag fick en påse med mitt namn på, tog med den till rummet och öppnade påsen. Jag testade allt, direkt. Mjukisoverall, tränings och tävlingskläder. Jag rös. Jag tror nästan att jag rös konstant det kommande dygnet. Hade jag inte delat rum med någon annan hade jag sovit i kläderna. Jag satte på mig träningsoverallen och stack sen ut och joggade i regnet. I handen höll jag min telefon och ringde upp vännen och adepten Tilda på Facetime. Jag tror nästan jag skrattade, grät och rös samtidigt som jag joggade. För de allra flesta som var med på tävlingen så var det en stor tävling men inget nytt. Det var bara två debutanter med i truppen, jag och yngre tjej. Jag visade stolt upp mina kläder medan jag joggade och berättade allt om resan upp för Tilda och resten av hennes familj som nu stod i deras kök och kollade på skärmen.

Efter joggingturen tog jag mig in och duschade. Jag satte på mig mjukisoverallen och följde med Rickard och klubbkamraten Samrawit ner till middagen som serverades i bottenvåningen på det stora hotellet. Vid bordet bredvid satt världsmästaren Karsten Warholm och några andra VM och OS-finalister. Och där satt jag. Jag minns hur jag tänkte för mig själv: Hur hamna jag här? En magisk känsla. Vi hade lagsamling på kvällen och därefter var det läggdags.

Den 10:e februari 2019 är en dag jag aldrig kommer att glömma. Man kan prata om sagor som skrivs, om perfekta ögonblick i livet och minnen som består. Den 10:e februari 2019 är en saga, ett perfekt ögonblick och ett minne som består. Inte bara själva loppet utan hela dagen. Jag har aldrig känt mig så stolt, rörd, lycklig och taggad som den dagen. En känslostorm men med ett lugn och en fantastisk känsla. Jag värmde upp med Rickard och tog mig till callingen. Jag och Ulf hade redan innan bestämt taktiken. Offensiv löpning, att våga och inte ha för mycket respekt för mina motståndare. På plats i Norge var mina föräldrar, Josef, familjen Knauer, två aktiva och precis innan start hörde jag också ett välkänt rop från läktaren. Issi, Fredrik och Amanda hade åkt dit för att titta, utan att jag visste om det. Brorsan och en av mina aktiva hade fixat en häftig skylt där det stod Team Ben på.

Allt var magiskt denna dag. Inmarschen, att se de fullsatta läktarna. Att köra några fartökningar på innerplan och se familj och vänner. Jag rös, fortfarande. Så var det dags, mitt hittills största lopp i livet. Mängder av mina vänner satt hemma framför TV:n och kollade och jag hade ju 15 personer på plats för att heja på mig. På startlinjen så tänkte jag på två saker. Det sista Ulf hade sagt innan han la på luren samma morgon var: "Men Benjamin, kom ihåg, det är bara en lek." De orden bar jag verkligen med mig. De fick mig att slappna av och njuta. Men jag tänkte också på taktiken. Om det är någon gång i ditt liv du ska följa en plan så är det ju vid ett sådant här tillfälle. Jag var väldigt bestämd. Jag skulle verkligen genomföra loppet enligt planen och verkligen fightas. Själva loppet minns jag inte så mycket från. Jag sprang offensivt och fick en bra rygg direkt. Jag låg länge trea men fick sen se Andreas Bube, EM-medaljören från Danmark, passera. Det kunde jag leva med. Sista 75 metrarna tänkte jag bara på en sak, håll steget och ramla inte. Jag hade inte koll på vilka passeringar jag hade men det kändes som att det hade gått fort. Det hade det. Jag sprang över mållinjen som fyra, slagen av två danskar och en finne. Men jag hade båda norrmännen, ena finnen och Rickard bakom mig. En placeringsmässigt mycket bra insats. Jag föll bara ihop efter mållinjen. Helt slut. Rickard drog efter en stund upp mig på benen igen. Jag minns hur jag tänkte: Undrar hur fort det gick? Så vände jag mig om, tittade upp på storbildskärmen där tiderna visas efter loppet. Det dröjde lite, sen tickade segertiden in, tvåans tid, treans tid och slutligen även min tid. 1.51.22, jag hade slagit personbästa med en och en halv

sekund. Ett rus gick genom hela kroppen, jag skrek till
när jag såg tiden och gav vår ledare på plats en high-five.
Jag kunde inte drömt om en bättre landslagsdebut. Jag
visste inte riktigt vad jag skulle göra. Jag och Rickard tog
en bild framför intervjuväggen och jag stod och pratade
lite med honom. Tilda och två andra aktiva kom
joggandes mot mig. Tilda var helt tårögd, kanske hade jag
verkligen slagit till med något bra? Jag förstod inte då
vad som just hade hänt, och i perspektiv till världseliten
var det inte något vidare resultat. Men, det var ett
resultat som placerade mig topp 3 i sverigestatistiken
efter den säsongen. En tid som placerade mig som tvåa
genom tiderna i både Hälle IF och i Bohuslän-Dals
distrikt.

Uppståndelsen efter mitt genombrott i Norge var, i mina
mått mätt, enorm. Jag har aldrig varit med om något
liknande och jag vet inte om jag vill vara med om den
uppståndelsen igen. Jag hade svårt att hantera det.
Telefonen plingade i ett, kommentarerna på sociala
medier haglade in och den kommande veckan hade jag
svårt att fokusera på annat vilket också drabbade mitt
tävlande helgen efter. Men där och då njöt jag. Jag gick
som på moln efteråt. Trots att jag kräktes efter loppet av
ren utmattning. Jag joggade bort och kramade familj och
vänner. Och när jag slutligen hittade Issi och hennes
familj på läktaren började jag förstå. Issi hade varit med,

från första dagen på gymnasiet tills nu. Hon hade sett vilken resa det varit, inte bara idrottsmässigt utan framför allt utanför idrotten. Hon förstod att bara resan till Norge var något jag inte hade klarat av några år tidigare. Hon hade sett utvecklingen på alla andra plan och på något sätt summerades allt där i Norge. Jag hade besegrat mina demoner. Jag kunde njuta, inte bara av att tävla utan också av allt runt omkring som jag tidigare tyckt varit så jobbigt. Jag hade inte varit där utan Issi och min familj och på något sätt var det fantastiskt att mina närmaste fanns på plats den dagen. En obeskrivlig känsla. Segrarna som låg bakom att jag ens var förmögen att springa i Norge var mycket större än själva loppet. Djupt tacksam satte jag mig den kvällen i bilen på väg hem från Norge. Och för första gången i mitt liv kände jag, nu kan jag göra vad som helst. Livets alla begränsningar och hinder suddades ut den dagen i Norge. Kunde jag komma hit, ja då kan jag lika väl gå ännu längre. Någonstans är det slutsatsen att dra av den helgen i Norge. Vi har så olika förutsättningar i livet, vi är olika som personer och våra svagheter kan tyckas för stora för att komma över eller ta sig runt. Men om man kämpar, och vägrar ge upp, då kan man gå hur långt som helst. Och jämförelsen måste hela tiden vara med dig själv och utgå ifrån dina förutsättningar. Om vi alltid jämför med andra hamnar vi lätt snett. Då ser vi inte våra egna möjligheter och vad vi kan åstadkomma. Men om man tittar på ens egna förutsättningar och gör det bästa av det man får, ja då kan man lyckas med vad man än tar sig an.

Du kanske tycker jag verkar lite kaxig och tror att jag är något. Och i paritet med vart jag en gång var, ja då är jag något nu. Friidrotten har gett mig enormt mycket självförtroende och jag har fått växa så mycket tack vare idrotten. Jag vet att jag inte är Bolt eller en superstjärna, jag vet också att vägen att nå riktigt långt är oerhört tuff, men jag har kommit en bit på vägen och det viktigaste är, jag mår bra av det här. Jag älskar löpningen! Att både få engagera sig som tränare och själv bedriva en elitsatsning är ett fantastiskt liv. Slitsamt men väldigt givande!

9 RELATIONER OCH MEDMÄNNISKOR

Jag har kämpat för att slippa känna oro. Redan som liten var jag en orolig och osäker typ men med stort självförtroende. Egentligen var det inte så mycket självförtroende, det var bara mitt kaxiga sätt att dölja vem jag var. Ångesten plågade mig nog redan som liten, i alla fall från lågstadiet och den kom alltid som en fördärvande virvelvind. Den kom alltid vid fel tillfälle, vid fel tidpunkt men också alldeles för ofta när jag var på ett ställe där jag ville vara. Och det tog mig flera år innan jag insåg och förstod vad jag fick ångest för.

Jag har nog alltid varit ganska bestämd och vågat gå min egen väg, inte bara för att saker varit jobbiga utan ibland för att det känts bäst. För även när jag smitit från saker så har jag ändå alltid stått upp för vad jag trott på och försökt att inte bry mig om vad andra tyckt och tänkt. Men när jag bestämde mig för att skriva den här boken så ställde jag mig den frågan. Är jag rädd för vad andra tycker och tänker? Och jag insåg att jag nog är det ibland. Christer har vid upprepade tillfällen sagt till mig att jag inte skall bry mig om vad andra tycker och att det viktigaste är vad man själv vill, känner och tycker. Och det är nog så, om vi alltid ska rätta oss efter andra så kommer vi aldrig utvecklas som människor och vi kommer nog aldrig göra det som vi faktiskt vill. Även då jag har gått min egen väg så har tanken alltid funnits där, vad tycker han eller vad tycker hon om det här. Rädsla för att bli dömd av andra för hur jag har mått eller för att någon kanske ska ta min berättelse oseriöst och göra narr av den. Rädsla för att andra ska tycka att jag är lite konstig som inte gick ett vanligt gymnasieprogram... Jag vet att detta inte är något som borde påverka mig, men jag är ju människa. När någon frågar och jag ska förklara, då kommer tankarna smygande. Då känner jag mig lätt lite dum, skamsen som om jag gjort fel och då gör det ont. Det är ju delvis därför jag skrev denna bok. För att förklara för människor att så här var det för mig och så är det för många andra. Men djupt inne i hjärtat känner jag också en stolthet. En stolthet över vad jag åstadkommit, en stolthet över att jag mot "mina" odds blev en vinnare.

Något som under hela min livstid haft en stor påverkan har varit mina vänner. Både positivt och negativt. Som yngre hade jag många vänner, jag växte ju upp i ett litet sammanhang men där vi lekte med varandra nästan konstant. När jag sedan blev lite äldre och min problematik blev allt större så hade jag inte riktigt någon att prata med det om. Jag hade ju flera klasskamrater och många kompisar men kanske inte riktigt någon jag själv kände att jag kunde förklara allt för. Det var nog inte så konstigt heller eftersom jag knappt visste vad jag kämpade med men jag kunde ändå uppleva saknaden av en relation där jag kunde prata om allt. Jag tror kanske att i den religiösa miljön som jag växte upp i så pratade man mindre om psykiskt mående än i vissa andra sammanhang och kanske var det även mer tabu.

Som medmänniska måste det vara det mest självklara att fråga någon: Hur mår du? Människan behöver dela med sig av det som finns inombords. Det pratades väldigt sällan om att någon mådde psykiskt dåligt när jag växte upp. I kyrkan förlitade man sig på att Gud skulle lösa ens problem, men det kan nog leda till att människor aldrig får den hjälp de behöver. Det var ingen som sa till mig att det var väldigt vanligt att må psykiskt dåligt. Jag trodde jag var ensam om det jag kände. Det var väldigt tabu även i vardagen och i kyrkan hörde jag, inte ofta men det hände, folk som talade illa om psykologer och terapi. Det saknades kanske respekt för att vi alla är olika och respekt för att många människor mår dåligt. Jag hade behövt höra att om man mår psykiskt dåligt går man till vårdcentralen, på samma sätt som att man går dit när man är fysiskt sjuk. I kyrkan litade man på att Gud tog hand om den biten. Detta kan säkert vara bra ibland, en del människor upplever nog att det är en trygghet men jag hade behövt höra att det finns hjälp att få för sitt mående. Att andra mådde likadant och att andra också har ångest ibland. Och någonstans mitt i allt detta saknade jag nog en nära vän. Jag hade ju mina föräldrar men det är inte samma sak som en vän.

Men så en dag hände något som än idag ger mig tårar i ögonen. En vän frågade mig hur jag mådde. En vän hade sett att jag inte mådde så bra och frågade mig hur det var. Det var Linn. Linn var en två år äldre kompis från kyrkan och vi hade dessutom gått i samma skola i flera år. Hon var på volontärresa i Israel när hon en dag skickade ett meddelande på Skype. Först var det väl bara lite vardagsprat men sen en dag skrev hon följande:

- e du fullt upptagen eller kan jag ställa en fråga?
- ställ på
- hur e livet?

Detta är den exakta konversationen. Och detta var första gången i mitt liv som jag upplevde att någon faktiskt undrade hur jag mådde. Det var som att någon rev en mur. Jag svarade med en lång text där jag för första gången berättade, för någon, hur det faktiskt var. Jag skrev rakt ur hjärtat. Jag skrev om hur jobbigt allt var och jag berättade om terapin. Det var första gången jag berättade för någon om terapin, ingen av mina vänner visste om det. Och det var som om en tung sten föll från mitt hjärta. De närmsta åren betydde Linn mycket för mig och hon blev en mycket nära vän.

En annan person som fick betyda otroligt mycket för mig var Issi. Issi var min ungdomskonsulent på Studieverkstan, och fick under min gymnasietid agera allt från studievägledare till extramamma. När jag började på gymnasiet mådde jag inte alls bra och den första jag kände att jag kunde prata med var Issi. Issi hade sitt kontor mitt emot vårt huvudklassrum och ni anar inte hur många timmar jag spenderade hos henne. Issi var från början bara en ungdomskonsulent men är idag en mycket nära vän. Det hon betytt för mig, kan jag inte sätta ord på. Jag och Issi har förmodligen talat om allt. Det stöd och den support jag kände från henne hade jag aldrig tidigare upplevt. Hon hade inte någon anledning till att bry sig om mig privat men hon brydde sig genuint och supportade även då det inte ingick i hennes arbete. Jag betvivlar att jag har någon som hejar, tror på mig och supportar lika mycket som Issi gör. Det jag så ofta behövde under min gymnasietid var någon att prata med, någon som kunde få mig på andra tankar och någon som brydde sig. Jag kommer aldrig göra Issis betydelse rättvisa i ordform, men det jag vill peka på är att alla behöver en sådan människa runt sig. Alla behöver vi en Issi.

Jag saknade under flera år en riktigt nära vän. Jag hade alltid kompisar runt mig men den där bästa vännen som man kan prata om allt med, saknade jag. Sen hade det nog inte varit så lätt att förstå om jag väl hade berättat för någon vad jag kände och hur jag mådde, men det jag ibland kan undra är, varför fick jag aldrig frågan: Hur mår du?

Jag säger inte jag är så bra på att fråga andra hur de mår alltid, jag tror ofta vi tar livet och måendet ganska för givet. Oavsett om det gäller oss själva eller någon annan. Och idag är det inte alls lika tabu att prata kring psykiskt mående men det är nog väldigt viktigt att vara uppmärksam och intresserad i andras mående. Att våga fråga sina kompisar och vänner hur de egentligen mår.

Att som när jag var yngre få höra att: "Vi ber så tar Gud hand om det" och sedan lämnas själv kvar... Det är livsfarligt. Kyrkan ska vara en plats där de svaga tas om hand och där människans mående står i centrum.

Ta vara på dem du har runt dig, fråga hellre en gång för mycket hur din vän mår, än en gång för lite. Det kommer att löna sig.

Relationer till människor omkring oss är det viktigaste vi har.

10 "ALLA BORDE GÅ I TERAPI"

Som du som läser denna bok säkert kan förstå, så skulle jag kunna fortsätta skriva under resten av mitt liv. Men då kommer jag aldrig få chansen att berätta, förklara, hjälpa och visa på det jag gått igenom. Jag kommer alltid gå igenom saker jag tycker är jobbiga och jag kommer förmodligen alltid ha perioder i mitt liv då jag mår dåligt. Det har vi nog alla. Men jag vet idag hur jag ska ta mig igenom dessa perioder och hur jag ska må bra. Det är också det jag vill förmedla.

Jag lärde mig under min tid hos Cognidea hur jag, när en jobbig situation uppstår, ska "kliva ur" mig själv och titta utifrån. Jag ska ifrågasätta det som händer. Hur farligt är det egentligen, inte är det väl så hemskt. Jag lärde mig att i huvudet försöka se objektivt på det hela. Att försöka se det utan att påverkas av mina känslor. Utan att låta ångesten och paniken ta över. Att ställa mig bredvid mig själv och utmana mig och fråga mig: Vad är det värsta som kan hända? Då förstår man att det inte är så farligt. Det är detta moment man måste jobba på. Man måste se till att man hamnar i situationer som är så pass jobbiga att man blir orolig men inte så jobbiga att man "freakar" ur fullständigt. Efter ett tag så flyttas gränsen för vad man tycker är jobbigt och de moment man klarar av blir tillslut saker man inte ens reflekterar över. Sen är det inte säkert att ens beteende kommer försvinna helt, för det kommer det kanske inte, men det blir lättare för varje gång man klarar av momenten och till slut så slutar det påverka en i sitt vardagsliv som det kanske gjort innan.

Under de här åren har jag lärt mig flera saker. Jag insåg att man inte ska lyssna så mycket på andra som man ibland tror. Det finns så många som tycker och tänker om andras liv och under min uppväxt sa många från kyrkans värld att jag skulle be och lita på att Gud skulle lösa det. Och visst, jag tror att många människor faktiskt upplever att Gud hjälper dem med deras bekymmer och problem, men jag fick gå en annan väg. Jag har lärt mig något på detta och fått erfarenheter som jag idag är väldigt tacksam för. Jag har fått så mycket nytta av det jag gått igenom och fått prata med mängder av ungdomar kring psykisk ohälsa och mående. Det bästa jag gjort i mitt liv var att gå i terapi. Bara för att någon annan tycker och tänker saker så kan det finnas andra vägar. Hade jag gjort som många andra tyckte hade jag inte stått här idag. Det låter klyssjigt men ibland måste du våga gå en annan väg än vad andra tror.

Mycket av det som andra säger baserar de på sina egna erfarenheter, och mycket är nog ofta väldigt bra. Men inte alltid. Ibland är det annorlunda. Ibland är du i en situation som många andra säger sig förstå men som de inte alls förstår, i all välmening förstås. Jag säger inte att ni inte ska lyssna på era föräldrar, vänner och kompisar. Gör det för allt i världen. De om några känner er och vill er väl. Men ibland behövs den professionella hjälpen från en utomstående, från någon ni inte känner. Oftare än man tror behövs nog en terapeut eller en psykolog. De finns till för att hjälpa och det är precis som jag skrev tidigare, om du mår dåligt, gå till vårdcentralen. Sök hjälp. Har du vänner som mår dåligt, hjälp dem. Få dem att söka hjälp. Låt ingen gå obemärkt förbi. Det finns så många människor som mår dåligt, av olika anledningar. Det finns mängder med ungdomar som inte alls mår bra och det är alldeles för många som tar sina liv. Ofta är det ett samtal folk behöver. Någon som kommer fram och frågar hur personen mår. Var den personen som frågar hur andra mår!

Det är också viktigt att lyssna till sitt inre. Att våga gå på magkänslan. Vad detta innebär är ju väldigt olika för olika människor, men för mig innebär det ofta att sätta mig ner och känna efter. Vad vill jag? För det är så lätt att göra som andra säger till dig, framför allt när det är jobbigt och man vill lyssna på råd och det enda man vill är att må bättre. Men då ligger kanske nyckeln närmare än du tror. Det är lätt att man glömmer bort vad man själv vill när man inte mår bra. När jag började gymnasiet följde jag strömmen, jag valde det program som de andra valde och tänkte inte efter på vad jag ville och det är det sämsta jag gjort i mitt liv. Sen dess har jag alltid tänkt efter, vad vill jag? Jag har skitit i vad andra tyckt, tänkt och gjort. Våga tro att du själv kan veta vad som är bäst för dig. För att bli av med ångest kan det räcka att göra det man mår bra av, och väldigt ofta innebär det att göra något roligt, något man tycker är kul.

Till dig som läser detta och kämpar mot oro och ångest, ge aldrig upp, sök hjälp, och våga tro på en ljusare framtid! Våga ta kampen mot dina problem för livet blir så mycket bättre då. Jag lever mitt drömliv nu. Jag tävlar och tränar så mycket jag vill och kan. Jag har fått en fantastisk möjlighet att åka runt och träna och tävla, något jag inte hade vågat utan terapin. Jag säger inte att mitt liv är problemfritt och att jag aldrig mår dåligt längre. Precis som alla andra så mår jag fortfarande skit ibland. Och kanske är livet sådant. Men när du mår dåligt, när du är i en situation som gör dig obekväm eller som ger dig ångest, försök se allt lite utifrån. Försök få distans till situationen och komma fram till vad det är som ger dig ångest. Ofta landar man i att det inte är så farligt, att ångesten kom, egentligen helt obefogad, och då kan man börja jobba med den. Jag vet hur svårt det är, men när jag väl försökte, då höll det. Man måste helt enkelt lita på att det håller. Hur jobbigt det än känns så måste man våga ta det där steget ut och lita på att det kommer gå bra.

När du har ångest och inte vet hur du ska bli av med den. Gör det du uppskattar, tänk efter. Vad tycker jag är kul? Vad mår jag bra av? Jag vet att man tror att ångesten aldrig kommer släppa. Men det gör den, till slut. Jag har upplevt det så många gånger. Livet handlar så mycket om att göra det man mår bra av! För mig gick det bra, och det finns många ute i vår värld som gått igenom samma saker och som kan dela med sig och intyga att det faktiskt håller.

Jag är väldigt tacksam att jag gick i terapi. Jag är tacksam till mina föräldrar och vänner för allt stöd och hjälpen de varit. Vänta inte med att söka hjälp eller att åtminstone tala med någon om det som är jobbigt för desto fortare du får hjälp, desto fortare kan ditt liv börja på riktigt. Om du mår dåligt fysiskt så går du till en läkare, om du mår dåligt psykiskt ska du gå till en psykolog. Svårare än så får det inte vara.

Ibland, även när jag mår bra, påminns jag om det som varit. Det är lite som att vissa sår inte läker, men jag är tacksam att de inte läker. Det påminner mig om det jag gått igenom, påminner mig om de erfarenheter jag fått, påminner mig om det jag lärt mig. Det gör att jag kan sprida det vidare. Om jag aldrig hade påmints om det jag har gått igenom hade jag kanske glömt bort hur det var, glömt bort mina erfarenheter och glömt bort att använda mig av det. Framförallt kanske glömt bort att vara glad för den tid jag mår bra, vara glad för nuet. Så länge man påminns om det jobbiga man varit med om så lär man sig att njuta, acceptera och att leva i nuet och göra det man älskar och mår bra av. Jag tror att om du har lidit eller lider av t.ex. ångest, depression, ätstörningar eller svårare fysiska/psykiska sjukdomar så lär du dig att njuta av livet på ett annat sätt än den som "bara" har haft lite ont i magen ibland. Jag vet när jag mår bra och lär mig att njuta av den tiden jag mår bra.

Ibland önskade jag att jag hade en skylt på mig som berättade precis hur jag kände och som gjorde att alla runt mig förstod mig. Det är nog delvis därför jag ville skriva den här boken. Den här boken blir min skylt. Nu vet du som läser den hur jag haft det och jag hoppas att den kan vara någon till hjälp. Eller att någon i alla fall kan känna att ja, jag är inte ensam. Jag ska avsluta denna bok men något som hände i samband med min storebrors bröllop.

Dagen var här. Min bror skulle gifta sig. Tobias, som är sex år äldre än mig, skulle nu äntligen få sin Lesia. För familjen var detta en stor dag. Det första av barnen som gifte sig, dessutom var jag och Josef bestmans. En dag fylld av känslor och upplevelser.

Vi inledde dagen med att fotograferas tillsammans med brudparet på några olika ställen, detta innan vigseln. Josef o jag åkte i en egen bil till de olika platserna där vi skulle fotograferas. När vi kom ut till Aröds kvarn, ett vackert ställe i utkanten av Ljungskile, konstaterar min käre bror: "Jag ska gifta min borgerligt". Redan där hade han insett vilket arrangemang, vilken nervositet och vilket obehag en sådan här dag kan innebära för en del. Vissa njuter säkert till fullo av en dag som denna, samtidigt som andra verkligen lider i samma sits. Personligen tyckte jag själva ceremonin var okej, men jag skulle ha svårt att själv stå i centrum en sådan dag. Jag förstår verkligen Josef. Vi hade nyss kommit hem från Spanien, Josef och jag. Spanien ja, en helt underbar resa.

När jag började gå i terapi skrev jag tillsammans med min psykolog en "todo-lista". En lång lista på saker jag ville göra. Högt upp på listan var saker som:

- Äta hos en annan familj
- Äta ute med kompisar
- Resa utomlands med familjen

Längre ner på listan kom saker som:

- Åka utomlands med kompisar
- Flytta hemifrån

I början var äta ute med kompisar verkligen en kamp.
Det var moment där jag behövde kämpa. Efterhand som
de lite "mindre" momenten blev avklarade och hanterbara
för mig så började siktet ställas in på de stora
utmaningarna. Bland annat att åka utomlands med
kompisar. Men så dök möjligheten upp, igen får jag väl
tillägga. De tidigare gånger jag fått chansen var jag inte
ens redo att försöka. Men denna gång var det
annorlunda. I oktober 2017 bokade jag in mig på Hälles
träningsläger till Spanien. 21 år gammal skulle jag resa
utomlands utan mina föräldrar för första gången i livet.
De yngsta som var med på resan utan föräldrar var två
14-åringar, men så är det i livet. Vi är olika och har olika
förutsättningar. Det bästa man kan göra är ju att kämpa
på utifrån sina.

Träningslägret i Spanien närmade sig med stormsteg.
Några dagar innan började jag förstå, jag skulle verkligen
åka. Ändå kändes det ganska okej. Jag tänkte på det
psykologen sa för några år sedan. "Andas lugnt när du
tänker på det. Tänk positivt. Tänk på det som ska bli
roligt. Försök se ditt drömscenario." Och det var så jag
gjorde. Varje gång jag tänkte på resan, eller när någon
annan nämnde resan så försökte jag tänka positivt.

Resdagen var här. Vi skulle åka på kvällen och hela
dagen gick jag runt i en bubbla. När man inte riktigt vet

vad man gett sig in på men vill det så gärna att man skiter i konsekvenserna... En speciell känsla som jag fortfarande upplever titt som tätt! En kvart innan jag skulle åka till flygplatsen satt jag hemma vid pianot. Det brukade jag göra när jag skulle samla mina tankar. Det eller träning brukar kunna få ordning på skallen. Jag satt i någon slags diffus medvetslöshet, klinkade och tänkte. Om man i många år kämpat med ångest tror jag man förstår det jag nu skriver. Jag hade inte kontroll över situationen men ville hemskt gärna åka med vilket gjorde att jag på ett sätt fick panik och bara ville fly men samtidigt skrattade jag åt hela situationen för jag insåg hur konstigt allt blev.

Med mycket känslor i kroppen satte jag mig i min Volvo och andades djupt. Det gjorde jag för övrigt hela resan. Andningen har en fantastisk förmåga att styra kroppens känslor. Andas djupt och lugnt och känslan av kontroll och lugn växer. Väl på plats på flygplatsen var jag nog ändå märkbart nervös. Men, det fanns en sak som gjorde en enorm skillnad under denna vecka. På Landvetter var redan ett tjugotal av dem som skulle med. Flera av mina träningskompisar var på plats och när jag såg dem började jag alltid le. Jag slappnade omedvetet av lite. Vi checkade in och när vi väntade på flygplanet kändes det ändå helt okej. Vi satte oss på planet och jag försökte bara ta det lugnt, andas och tänka på annat. Jag minns hur jag satt på helspänn första timmen men efterhand började jag slappna av lite mer. När vi landade i Spanien var det inte så mycket mer att göra än att hänga med resten av gänget. Men, jag skulle "testas" direkt. När de andra väntade på att få sina hyrbilar sa Christian till mig att jag skulle åka taxi med honom till hotellet. Genast slog ångesten till. Hade någon sagt till mig för några år sedan, att jag en dag skulle åka taxi med Persson mitt i natten i Spanien, då hade jag skrattat åt dem.

Men livet är bra lustigt ibland. På något sätt satte jag mig i den där taxin och åkte mot hotellet. Vi var framme vid tretiden på natten och då blev det sängen direkt. Jag hann inte tänka så mycket den kvällen, vilket kanske var bra det. De kommande dagarna levde jag som i trans. Ångesten låg där och bubblade men slog aldrig riktigt till och efter några dagar så släppte den.

Jag minns hur jag satt i en bil på väg till träning, DESPACITO dundrade ut i högtalarna och jag log för mig själv, jag insåg där och då att jag mådde ju bra. Här, i Spanien. Trots att det var flera dagar kvar på resan så njöt jag. Äntligen, tänkte jag för mig själv. Denna resa blev som en examen för mig. Nu mådde jag bra och kunde njuta av resor på ett helt nytt sätt. De följande dagarna är nog några av de bästa i mitt liv. Att befinna sig i Spanien, med underbara vänner och bara njuta av god mat, träning och fint sällskap... det är livet det.

Tillbaka till bröllopet. Vi fotograferades för fullt den dagen. Och när vi till sist var klara så satte sig, jag och Josef, i mammas silvergråa Skoda och skulle äntligen få åka till kyrkan och vigseln. Josef vred upp RIX F5 till max och andades till synes tungt. Brorsan som annars alltid är så cool och avslappnad upplevdes nu lite stressad och nervös.

Och i bilen på väg från Ulvön och det idylliska vattnet, körandes mot kyrkan där vår äldre bror skulle gifta sig, konstaterar min bror Josef: "Alla borde gå i terapi".

Tack till

Pappa och mamma – Världens bästa föräldrar.

Issi Ivarsson – Nära vän.

Christer och Anne-Marie Olsson – Två nära vänner.

Linn Söreke – Nära vän.

Ingrid Bjärstedt – Min psykolog under gymnasietiden.

Hälle IF – Min förening, klubben i mitt hjärta.

Studieverkstan – Min gymnasieskola.

Familjen Knauer – Nära vänner.

Ulf Friberg – Min tränare, mentor och vän.

Christian Persson – Anställde mig i Hälle, numera chef
och vän.